KB093490

노래로 그리는 행복한 **교실**

노래로 그리는 행복한 **교실**

초판 1쇄 발행 2020년 3월 10일

지은이 이호재
발행인 송진아
편 집 아이핑크
디자인 로프박
제 작 제이오앤엔피
펴낸곳 푸른칠판
등 록 2018년 10월 10일(제2018-000038호)
주 소 경기도 안산시 단원구 광덕2로 216
팩 스 02-6455-5927
이메일 greenboard1@daum.net
I S B N 979-11-965375-7-9 04370
　　　　 979-11-965375-6-2 (세트)

이 도서의 국립중앙도서관 출판예정도서목록(CIP)은 서지정보유통지원시스템 홈페이지(http://seoji.nl.go.kr)와 국
가자료종합목록 구축시스템(http://kolis-net.nl.go.kr)에서 이용하실 수 있습니다. (CIP제어번호:CIP2020005656)

노래로 그리는 행복한 교실

이호재 지음

🎵 선생님과 아이들의 삶을 담는 교육 이야기

푸른칠판

들어가며

이 세상에 노래를 싫어하는 사람이 있을까? 기쁠 때나 슬플 때, 심지어 할 일이 없어 무료함을 달랠 때 사람들은 흔히 노래를 듣거나 흥얼거리며 위안을 얻는다. 많은 시간을 교실에서 보내는 아이들도 노래를 좋아하기는 어른과 마찬가지이다. 청소를 할 때, 밥을 먹을 때, 친구들과 이야기할 때에도 알 수 없는 멜로디를 쉴 새 없이 흥얼거리고는 한다.

이처럼 노래가 아이들 생활 속에 깊숙이 자리 잡고 있지만, 교과서에 나오는 노래인 동요는 수업 시간에만 부르는 것이 되어 버린 지 오래다. 언제부터인가 아이들은 동요를 시시하고 재미없게 여긴다. 그것은 아이들의 감성이나 문화적 취향이 예전과 많이 달라졌다기보다는, 지금의 동요가 아이들의 생생한 삶을 제대로 담아내지 못했기 때문일 것이다. 아이들이 자신의 감정이나 이야기를 온전히 담아내지 못하는 동요보다, 화려하고 세련된 가요에 눈과 귀가 이끌리는 것은 어쩌면 당연한 결과인지도 모른다.

학교에 처음 막 발령을 받아 신출내기 교사로 아이들 속에서 허둥대던 시절, 어느 시골 초등학교 아이의 글에 곡을 붙여 만든 백창우 선생님의 노래를 처음 접했다. 아이가 한 말이나 직접 쓴 글을 노래의 가사로 담아낸다는 건, 그전에는 상상도 못한 일이었다. 〈딱지 따먹기〉라는 노래를 처음 듣자마자, 나의 입에서는 "이거다!"라는 외침이 저절로 흘러나왔다. 짧은 글 속에 아이가 자신의 마음을 절실하게 담아낸 솔직한 표현이 놀라웠고, 그 마음을 놓치지 않고 노래로 그려 낸 작곡자의 시선이 무척 따뜻하게 느껴졌다.

백창우 선생님의 노래를 처음 접했던 2003년, 나도 아이들 글이나 아이들과 주고받은 말을 토대로 노래를 만들기 시작했다. 이때 맨 처음 만든 노래가 이 책에서 6월의 노래로 소개한 〈오늘도 또〉라는 곡이다. 〈오늘도 또〉라는 노래를 처음 만들고 아이들과 함께 불렀을 때의 흥분과 감격은 지금도 잊을 수 없다. 아이들이 그렇게 신나게 노래 부르는 모습을 처음 보았고, 며칠 동안 노래 하나가 우리 반의 중요한 화제로 떠오른 것도 나에겐 신선한 충격이었다.

그 해에는 뭔가에 홀린 듯 아이들과 함께 노래를 많이 만들었다. 아이들과 통일 수업을 하고 난 뒤 만든 〈그런 날이 온다면〉이나 악몽과도 같았던 체육 시간에 대한 기억을 담은 〈체육 시간〉이라는 노래도 모두 그 해에 만든 노래이다.

아이들과 함께 만든 귀한 노래들이 나의 기억과 악보 속에만 존재한다는 것이 못내 아쉬워서 그랬을까? 노래를 만들기 시작한 그해, 어설픈 장비로 학급 아이들의 목소리를 녹음하여 노래 음원을 제작하기 시작했고, 주변의 선생님들과 학부모님들께 새로운 노래들을 소개하고 싶은 욕심에 '노래로 그리는 교실'이라는 공연을 처음 열었다. 음악에 재능이 있는 일부 아이들만의 무대가 아닌, 학급 전체가 참여하고 학급의 이야기를 노래로 풀어낸 이 공연이 벌써 17회를 맞이하게 되었다. 1개 학급, 37명의 아이들이 처음 문을 연 이 공연은 어느새 18개 학급의 300명이 넘는 아이들이 함께 무대에 서는 큰 공연으로 성장하였다.

노래를 통해 아이들을 만나 삶을 나눈 발자취는 교사로서의 나의 성장 과정을 그대로 담고 있다. 만약 아이들을 만나는 징검다리로 '노래'를 선택하지 않았다면, 지금까지 아이들과 나눠 온 수많은 추억들은 존재하지도 않았을 것이다.

2년 전, 그동안 아이들과 불러 온 노래에 대한 이야기들을 엮어 책으로 출판해 보자는 제안을 받았을 때, 처음엔 많이 망설였다. 교사로서의 소소한 일상을 담은 것에 불과한 나의 이야기가 다른 선생님들께 얼마나 큰 울림으로 다가갈 수 있을지 솔직히 자신이 없었고, 글 쓰는 것에 대한 두려움도 많았다. 하지만, 나의 어설픈 노래로 인해 마음의 위안을 얻는다는 선생님들의 격려와, 친구들과 노래를 불렀던 기억이 초등학교 시절 가장 행복한 추억으로 남았다는 옛 제자들의 말은 이 책을 쓰는 데 가장 큰 힘이 되어 주었다.

이 책에서는 월별로 정한 주제에 따라 총 4곡의 노래를 수록하였고, 각 노래마다 노래가 만들어지게 된 배경과 학급 이야기, 이 노래를 가르칠 때 도움이 될 만한 노래 지도 방법을 담았다. 그리고 기본 생활 습관이나 안전, 인성 등과 관련된 생활교육 노래들을 소개하였고, 부록으로 바쁜 일상에 지친 선생님들의 마음을 위로하고 보듬어 줄 수 있는 교육 노래들을 수록하였다.

이 책은 음악교육이나 문화예술교육에 대한 생각을 정립하거나 교사로서의 성장을 도울 만한 지침서는 아니다. 20년 가까운 시간 동안 고집스럽게 '노래'라는 매체를 통해 아이들과 소통해 온 한 중견교사의 독백이자 개인의 역사에 가깝다. 그래서 늘 가까운 곳에 두고 귀하게 펼쳐 보는 책은 아닐지라도, 아이들과 나눌 노래에 대한 기대감을 높이는 데 짧게나마 언급될 수 있다면 그걸로 족하다. 또한 나의 노래 이야기가 교실 속에서 아이들과 예술교육을 실천하려는 선생님들께 용기를 북돋아 주는 작은 씨앗이 되었으면 하는 바람이다.

노래 자료에 대한 접근성을 높이기 위해 여기에 수록된 노래는 개인 유튜브 채널에 항목별로 탑재해 두었고, QR코드를 통해 연결된 주소로 들어가면, 악보와 음원들을 다운로드할 수 있다.

마지막으로, 노래로 행복한 교실을 열어가는 데 많은 영감을 주신 백창우 선생님과 항상 예술교육에 대한 진지한 고민을 함께 나눠 준 한승모 선생님, 그리고 어설픈 책이 출간될 때까지 많은 지원을 아끼지 않으신 '푸른칠판' 송진아 대표님께 깊은 감사를 드린다. 아울러, 내 노래 활동의 한결같은 지원자이자 든든한 버팀목이 되어 준 사랑하는 가족과, 노래를 통해 행복한 일상을 기꺼이 나눠 준 노래 교실 제자들에게도 고마움을 전한다.

이 책에 수록된 노래들이 탑재된 유튜브 주소
http://www.youtube.com/c/이호재songclass
Chrome을 통해 접속해야만 원활하게 유튜브 채널에 연결됩니다.

 QR코드 앱으로 왼쪽 그림을 찍은 후, 링크된 주소로 이동하시면, 이 책에 수록된 노래의 음원과 악보를 다운로드할 수 있습니다.

CONTENTS

3월

푸른 사계절 노래 이야기

우리들의 첫 만남

3월은 아이들과 처음 만나 일 년을 시작하는 달이다.
첫 만남의 설렘과 두려움이 가득한 아이들에게 공동체의 의미와 친구의 소중함을
함께 생각해 볼 수 있는 노래를 나눔으로써 마음을 열고 학급의 참된 구성원으로
성장하도록 돕는 것이 무엇보다도 중요하다.

새로운 마음으로

3월은 많은 선생님에게 늘 분주하고 바쁘며, 새로운 만남에 대한 기대와 설렘으로 한껏 부풀어 있는 달이다. 그것은 아이들도 마찬가지다. 3월 첫날, 아이들은 이른 아침부터 등교하여 교실과 복도를 돌아다니며, 한 해 동안 자신과 함께 지낼 친구들을 탐색하기에 여념이 없다.

나의 새내기 교사 시절, 3월의 첫 만남은 그야말로 실패와 좌절로 시작되었다. 처음으로 아이들 앞에 '선생님'이라는 이름으로 선다는 기대가 앞서, 멋지게 첫 만남을 시작해 보리라는 욕심으로 밤잠을 설쳐 가며 만남의 의미를 담은 갖가지 학습지와 가르쳐 줄 노래들을 잔뜩 준비해 갔다. 하지만 그 당시 부산의 초등학교는 아이들을 처음 만나는 3월 2일에 담임을 발표하는 경우가 많아, 아이들과 얼굴을 마주할 시간이 1시간도 채 되지 않았다. 내 이야기를 제대로 듣지도 않는 아이들 앞에서 무엇부터 해야 할지 몰라 허둥대다가 황급히 아이들을 보냈던 경험은 아직도 나에게 뼈아픈 기억으로 남아 있다.

그 당시 내가 가장 간과했던 것은 3월 첫 만남이 아이들에게 주는 의미를 제대로 이해하지 못했다는 점이다. 온통 머릿속에는 아는 친구가 몇 명 정도나 같은 반이 되었는지에 대한 궁금함으로 가득 차 있는 아이들에게, 과연 새로 만날 담임 선생님이 무섭지는 않을까 걱정부터 앞서는 아이들에게, 교사에 의해 일방적으로 주어지는 학습지 속의 질문은 그다지 큰 울림으로 다가가지 못했을 것이다.

어떤 선배 교사들은 3월 첫날에는 절대 웃지도 말고 아주 무섭게 아이들을 대해야 일 년이 편하다는 조언을 아끼지 않는다. 나도 한때는 그렇게 하는 것이 유능하고 지혜로운 교사의 자질이라고 생각한 적이 있었다. 하지만 지금 와서 돌이켜 보니 그것은 '첫 만남'이라는 단어만이 누릴 수 있는 희망과 설렘의 소중한 가치를 너무 쉽게 포기해 버리는 일이다. 누가 뭐래도 3월은 웃음과 즐거움이 넘치는 달이어야 한다. 웃음과 즐거움 속에서 아이들이 자신과 더불어 생활할 사람들에 대한 믿음의 징검다리를 하나씩 놓아야 하는 달인 것이다.

〈새로운 마음으로〉는 3월 첫 만남에 대한 아이들의 솔직한 마음과 생각이 담겨 있는 노래이다. 학급 공동체의 의미와 새롭게 시작된 친구 관계의 중요성을 훈계하듯 늘어놓은 노래가 아니라, 바로 지금 자신의 마음을 두드리는 간절한 바람으로 새 학년을 시작해 보자고 발랄하게 이야기해 주는 노래이다.

겨울 동안 얼어붙었던 아이들의 마음을 여는 데 자신의 마음이 담긴 글과 노래보다 더 좋은 도구는 없을 것이다. 나는 3월이 되면, 아이들과의 첫 만남을 인어공주 빙고 게임(말 없이 돌아다니며 만나는 친구들과 인사를 나누고 친구의 이름을 정해진 칸에 채워 넣은 다음 진행되는 이름 빙고 게임)과 여기에 실린 노래로 시작한다.

조금은 어색하고 소란스럽게 느껴지기 쉬운 3월을 아이들의 솔직한 바람과 재미있는 경험이 담긴 이 노래로 풀어 간다면, 아이들과 어색했던 관계도 차차 자연스럽고 친숙한 관계가 될 것이다. 또한 활기차고 정이 넘치는 학급 분위기를 만들어 가는 데 많은 보탬이 될 것이다.

* '설레임'은 맞춤법에 맞지 않는 표현이지만 자연스러운 가사 진행을 위해 악보에는 '설레임'으로 표현되어 있다.

 이렇게 불러 봐요

〈새로운 마음으로〉는 점 8분 음표와 16분 음표가 결합된, 흔히 말하는 부점이 많이 나오는 곡이다. 마치 토끼가 깡충깡충 뛰어가는 느낌의 스윙 풍으로 연주되는 곡으로, 이런 노래를 부를 때에는 리듬의 느낌을 살리는 것이 무엇보다도 중요하다. 그래서 처음 노래를 배울 때에는 멜로디를 붙이지 말고, 랩을 하듯 손뼉을 치며 리듬을 먼저 익히는 것이 좋다.

이 곡의 전체적인 가락 구성은 대부분 반복적인 구조로 이루어져 있다. 악보로 보기엔 24마디로 이루어져 있지만, 실제로 익혀야 하는 가락은 12마디밖에 되지 않기 때문에 곡의 빠르기를 다소 느리게 하여 듣고 부르기로 익힌다면 노래를 배우는 데 큰 어려움이 없을 것이다.

이 노래에는 가사의 사실감을 높이기 위해, 아이들 이름이 두 번 나온다. 아이 본인이 강력하게 희망하는 경우에는 실제 학급 아이들의 이름을 넣어 부르는 것도 노래를 부르는 또 다른 재미가 되겠지만, 조금이라도 부정적인 이미지를 줄 수 있는 부분에 아이의 실명을 넣어 부르는 것은 피하는 것이 좋다.

새로운 마음으로

이호재 글, 곡

뭔가 좋은 일이

앞서 소개한 〈새로운 마음으로〉가 저학년이나 중학년 아이들에게 적합한 노래라면, 이번에 소개하는 〈뭔가 좋은 일이〉는 중학년이나 고학년에 어울리는 노래이다. 이 노래는 자신이 좋아하는 아이와 같은 반이 되었다는 한 아이의 행복한 상상에서 시작된다. 모든 것이 어색하고 낯설기만 한 새 학년 첫날, 교실 문을 열고 들어섰을 때, 내가 좋아하던 아이가 책상 앞에 앉아 반갑게 인사를 건넨다면 그것보다 기분 좋은 일이 있을까? 마치 유명한 애니메이션 속 주인공이 소원을 빌며 '비비디 바비디 부'라고 주문을 외듯, 〈뭔가 좋은 일이〉는 3월 첫날, 아이들과 선생님의 마음속에도 좋은 일만 가득했으면 좋겠다는 바람으로 만든 곡이다.

이 노래는 해마다 아이들과 열어 오고 있는 '노래로 그리는 교실' 15회 공연에서 처음으로 발표한 노래이다. 그 당시 공연의 흐름상 5, 6학년들이 부를 새 학년 첫날의 풍경이 담긴 노래가 필요했는데, 몇 년 전에 만든 〈새로운 마음으로〉는 고학년들의 섬세한 감정을 담아내기에는 좀 부족한 감이 있어서, 여운이 강한 선율과 경쾌한 리듬으로 새롭게 만들게 된 곡이다.

〈뭔가 좋은 일이〉는, 이 노래를 부른 '보민이'라는 아이 덕에 유튜브나 SNS에서 더욱 유명해진 노래이다. 이 노래를 만들었던 해에 보민이는 우리 반 학생이었다. 이 아이와 인연이 시작된 때는 2016년으로 거슬러 올라간다.

그 당시 나는 6학년 담임을 맡고 있었는데, 음악 전담 선생님으로부터 교내 행사였던 음악회에서 공연할 아이들을 뽑는 오디션의 심사를 맡아 달라는 부탁을 받았다. 이런 방식의 음악회를 선호하는 건 아니었지만, 시일도 촉박했던 데다, 평소 아이들과 음악을 나누는 삶을 사시는 존경스러운 분의 부탁이라 쉽게 거절하지 못했다. 음악 학원에서 주된 레퍼토리로 사용되는 피아노와 바이올린 곡들이 지루하게 이어지고 있을 때, 2학년 꼬마 하나가 노래를 부른다고 단상에 올랐다. 처음에는 〈곰 세 마리〉 정도의 간단한 동요를 부르겠거니 생각했는데, 그 또래 아이에게는 버거울 법한 〈나무의 노래〉를 부르는 아이의 목소리가 범상치 않았다. 깨끗하고 맑은 음색도 그렇지만, 마이크를 대지 않았는데도 목소리가 반주에 묻히지 않고, 소강당에 쩌렁쩌렁 울려 퍼지는 것이 아닌가?

저학년은 큰 무대에 서면, 모니터가 제대로 안 되는 관계로 음정이 불안해지기 마련인데, 시종일관 곧고 고운 소리로 노래를 부르던 아이의 노래를 들으며, 저 아이가 우리 반이면 얼마나 좋을까 하는 생각을 잠시 했었다.

그리고 이듬해 학습 연구년 파견교사로 잠시 학교를 떠나 있다가, 4학년 담임으로 다시 복직했을 때, 우리 반 교실에서 운명처럼 그 아이와 다시 만났다. 처음 그 아이의 얼굴과 이름을 보았을 때에는 2년 전 오디션에서 본 아이라는 걸 전혀 알
아채지 못했는데, 신기하게도
노래를 부르는 목소리를 듣자
마자 그 아이가 보민이란 걸
곧바로 알 수 있었다.

〈뭔가 좋은 일이〉는 떨리는
가슴으로 교실로 들어서는 아
이들에게 '괜찮아, 다 잘될 거야!'라며 따뜻한 손을 내미는 노래이다. 그
리고 나에게는 아름다운 목소리를 가진 아이와의 행복한 만남을 이어 준
귀한 노래이기도 하다.

 ## 이렇게 불러 봐요

〈뭔가 좋은 일이〉는 못갖춘마디로 시작하는 노래로 처음 들어가는 부분을 정확히
맞추기 어려운 곡이다. 그래서 전주 마지막 마디에서 3박자를 세고 바로 들어가도
록 연습하는 것이 좋다.

이 노래는 악보로만 본다면 굉장히 어려울 것 같은 가락과 리듬으로 구성되어 있지
만, 가사와 리듬이 아이들의 입말에 맞도록 구성되어 있기 때문에, 실제로 불러 보면
생각보다 쉽다는 느낌을 주는 곡이다. 그래서 악보를 보고 부르는 방법보다는 충분
히 들려준 다음, 듣고 부르기로 노래를 익히는 편이 훨씬 효과적일 것이다.

마지막으로 이 곡은 한 마디 안에 가사와 선율을 꽉 채워 넣지 않고 헐겁게 비워 둔
곳이 많은 편이다. 그래서 둘째, 셋째 단의 '웬일로'나, '아침에'와 같은 부분의 경우,
돌림노래처럼 연이어 반복해서 부르면 손쉽게 2부 합창을 부르는 듯한 효과를 줄 수
있다. 아니면, 아카펠라에서 많이 사용되는 '우후', '닷다랏'과 같은 낱말로 화음을 구
성하여 부르는 것도 아이들에게 화성의 아름다움을 느끼게 하는 좋은 방법이다.

뭔가 좋은 일이

이호재 글, 곡

너무 나 — 궁금 해 — 늦은 밤 까 지 잠 을 못 이뤘지 날 아 는

— 친 구 들 — 몇 명이 나 같은반이 됐 을 까 웬일로

— 아 침 에 — 일 찍 눈을 떠 교 실 들어설때 남 몰 래

— 좋 아 한 — 그 아 이 가 안녕하 고 인 사 하 네

뭔 가 좋 은 일 이 — 내 게 생 길 것 같은기 — 분

친 구들 도 선 생님 도 느 낌 이 좋 아 —

다 시 새 로운일 — 들 이   내 게 펼 쳐질거 — 야

가 슴 속 을   가 득 채 운   부 푼 꿈 하 나 —   때 로 는

— 사 소 한 오 해 로 외 롭 고   힘 든 일 많겠지만 — 간 절 한

— 오늘 의 설 렘 을 잊 지 말 — 고 지 냈 으 면 해 —

성공을 위한 간절한 다짐

리코더 지옥

초등학교 3학년이 되면 아이들이 마주하게 되는 어려움 중의 하나가 '리코더 연주'이다. 교육과정상 처음으로 접하는 악기인 만큼 가르치는 선생님도 기본 운지부터 텅잉까지 꽤 많은 공을 들이는 교육 활동이기도 하다. 하지만, 아무리 공을 들인다 해도 조금 더디고 느린 아이가 있기 마련이다.

자신의 일기에 리코더 연주에 대한 어려움을 '지옥'이라고 표현한 영빈이도 그러했을 것이다. 처음 접하는 리코더인데다, 열심히 연습했는데도 좀처럼 늘지 않는 실력과 선생님 앞에만 서면 마음처럼 움직이지 않는 손을 많이 원망했을 것이다. 그래도 눈물이 날 것 같은 속상함을 이겨내고, 꼭 성공하리라 다짐하는 대목에선 영빈이의 애타는 마음과 순수함이 느껴져서 흐뭇한 미소가 지어진다.

〈리코더 지옥〉은 '제7회 노래로 그리는 교실' 공연을 준비할 당시, 제자가 쓴 글이 너무 재미있다며 함께 노래 활동을 했던 선생님이 내민 한 아이의 일기를 보고 만든 곡이다. 요즘 이 노래를 아이들과 부르거나 함께 들을 때면 자연스럽게 떠오르는 삼총사가 있다.

몇 년 전부터 학급 아이들과 함께 노래, 내레이션, 악기 연주 등이 수록된 학급 음반을 제작해 오고 있는데, 작년에는 유독 참여할 종목이나 곡목을 쉽사리 결정하지 못하던 세 아이가 있었다. 장기 자랑이나 음악 관련된 활동을 하면서 가장 난감할 때가 자신이 무엇을 잘하는지 모르거나 뭘 해야 할지 결정하지 못하는 아이들을 만날 때인데, 이 세 아이의 경우가 그랬다. 다음 달부터 학급 음반을 녹음할 테니 지금껏 배운 노래 중 가장 잘 부르는 노래를 골라 오라고 하니, 노래는 도저히 부를 자신이 없고 대뜸 악기 연주를 하겠다는 것이다. 무슨 악기를 연주하겠냐고 다시 물으니, 리코더 소리를 잘 낼 자신이 있단다.

며칠 뒤 녹음이 가능할지 확인하기 위해 그 아이들의 리코더 연주를 들어 보았는데, 내가 큰 실수를 했다는 것을 바로 깨달을 수 있었다. 세련된 운지와 텅잉은 고사하고 정말 호루라기 불듯이 '삑' 소리만 낼 수 있는 수준이었던 것이다. 순간, 나는 이 아이들에게 계속 리코더 연주를 하도록 할지, 아니면 노래로 다시 바꾸어 부르기를 권할지 상당히 깊은 고민에 빠졌다. 하지만, 되도록이면 자신이 희망한 것을 CD에 수록해 주고 싶었고, 이번 기회를 통해 리코더 연습을 시켜 보자는 생각에서 〈캐논 변주곡〉 3중주 편곡 악보를 주고는 무작정 연습하라고 했다.

처음에는 리코더로 간단한 동요 한 곡 부르고 끝내려던 세 아이는 본의 아니게 리코더와의 지루한 싸움을 시작했다. 점심시간이나 쉬는 시간에 그 아이들이 멍하게 있는 모습을 보일 때면 내 앞에 와서 리코더를 불어 보라고 했다. 음악 자투리 시간 리코더 연습곡도 그 세 아이를 위해 〈캐논 변주곡〉으로 정한 것이 큰 효과가 있었던 걸까? 처음엔 운지조차 되지 않던 리코더 실력이 친구들의 도움으로 날이 갈수록 조금씩 좋아지는 것이었다.

한 번은 연습하는 도중에 4학년 수준에서 〈캐논 변주곡〉을 연주할 수 있다는 건 대단한 거라고 칭찬하니, 그 아이들은 자신의 실력을 과신한 나머지, 학예회 준비를 위한 학년 예술 동아리를 고를 때 '리코더부'를 선택했다. 운동만 좋아하던 아이들이 음악의 즐거움을 알아 가는 것 같아 내심 기분이 좋으면서도, 기악 합주를 담당한 옆 반 선생님께 괜히 죄송스럽기도 했다.

드디어 아이들의 연주 실력도 제자리를 찾아가는 듯하여 녹음을 해 보자고 말한 날, 아이들의 마음을 안심시키려 몇 번이고 강조해서 말했다.

"틀리거나 마음에 안 들면 수백 번이라도 다시 녹음해 줄 수 있어!"

다음 기회가 있고 실패하는 게 부담이 되지 않을 때 아이들의 안도감과 자신감은 몇 배나 커진다. 그렇게 몇 달의 연습을 거쳐 맨 마지막으로 녹음을 끝낸 세 아이의 뿌듯해 하던 그 얼굴이 아직도 잊히지 않는다. 물론, 연주한 곡을 들어 보면 여전히 운지와 텅잉이 제대로 되지 않아 소위 말하는 '삑사리'가 난 부분도 많고, 전체적으로 매우 거칠고 불안한 느낌이 많이 들지만, 나에게는 그 어떤 곡보다도 아름답게 들린다. 왜냐하면 이 투박한 연주곡에는 내가 직접 눈으로 보아 온 세 아이의 열정 가득한 성장의 과정이 고스란히 담겨 있기 때문이다.

〈리코더 지옥〉은 리코더를 처음 접하는 아이의 답답하고도 간절한 바람이 녹아 있는 곡이다. 노래를 부를 때에도 그런 심정이 느껴지도록 노래 속 화자와 같은 입장이 되어 본 경험을 충분히 이야기 나눈 뒤, 노래를 부르는 것이 좋다.

겉으로 본다면 네 단으로 구성된 간단한 곡이지만, 반복되는 구간이 다른 노래에 비해 적고, 둘째 단과 넷째 단 마지막 두 마디는 음의 폭도 심한 편이니, 충분한 시간을 두고 반복해서 음정을 짚어 주는 것이 필요하다.

이 노래에서 아이의 절실한 마음이 강렬하게 담겨 있는 가사는 넷째 단 두 번째 마디라 상대적으로 고음으로 구성되어 있으니, '선생님 앞에' 다음에 호흡을 충분히 모은 뒤 강하게 끊어 부르도록 하면 좋을 것이다.

리코더 지옥

권영빈 글, 이호재 곡

오늘 3교시 음악은 떨리는 리코더 검사
혼자서 연습 할 때엔 너무도 잘 되었는데

아무리 연습 해 봐 도 합 격은 너무 어려 워
오늘도 역시 솔이 문제 삑삑대는 나의 리코 더

여자 아이들 모두 다 저리도 쉽게 부는데
불합격 이란 그 말에 눈물이 날것 같지만

선생님 앞에 만서면 왜 이리 떨려 오는 지
다음번엔 꼭 반드시 합 격을 하고 말거야

모두가 행복한 학교 만들어요

학습 연구년 파견 교사로 근무하던 2017년, 부산형 혁신학교인 구포초 아이들을 대상으로 뮤지컬 수업을 진행한 적이 있었다. 내가 뮤지컬에 대한 전문적인 지식이나 기능이 출중하여 시작한 수업이 아니었다. 다른 수업의 부담이 없는 상태에서 노래가 중심이 된 뮤지컬 교육이 아이들에게 주는 긍정적인 에너지를 확인하고 싶어, 같은 연구회 선생님께 부탁드려서 이뤄진 수업이었다. 구포초 3학년 3개 학반 60명을 대상으로 대본 구성부터 연기 및 더빙, 노래 연습까지 총 12시간에 이르는 수업을 진행했고, 아이들과 만든 창작 뮤지컬은 그 해, '노래로 그리는 교실'에서 처음 공연되었다.

이 뮤지컬 공연을 위해 총 6곡의 노래를 새로 창작했는데, 아이들이 각자 처한 상황으로 인해 생긴 오해와 갈등을 극복하고, 맨 마지막 무대를 장식하며 부른 노래가 바로 〈모두가 행복한 학교 만들어요〉이다. 원래는 아이들 모두가 알고 있는 노래 중 빠르고 힘찬 노래 한 곡을 선정하여 넣으려고 했는데, 아무래도 혁신학교의 교육적 가치와 아름다움을 담은 노래가 하나 있으면 좋겠다는 생각이 들어 새로 만들게 되었다.

이 노래를 아이들에게 처음 가르쳐 줬을 때, 3학년 한 꼬마가 내게 건넨 말이 지금도 잊혀지지 않는다.

"선생님, 이 노래는 꼭 우리 학교를 위해 만든 교가 같은 느낌이 들어요!"

"그래? 너희들이 노래를 부르며 그런 느낌을 받았으면 좋겠다고 생각했는데, 선생님이 노래를 딱 맞게 잘 만든 모양이구나!"

여전히 흥분이 가시지 않은 듯한 아이의 상기된 표정을 보며, 바쁜 시간 쪼개어 뮤지컬 수업을 진행한 보람을 느꼈다.

이 노래는 학교라는 공간에서 아이들과 꼭 나눠야 할 다양한 교육적 가치에 대해 이야기하고 있다. '같이', '친구', '행복', '꿈' 등 어떻게 보면 뻔하고 당연한 말들이 가사에 많이 등장하여 참신함이 떨어진다는 게 이 노래의 흠이지만, 아이들의 삶이 중심이 된 혁신교육을 통해 우리가 바꾸고자 하는 학교의 모습에 대해 담담하게 그려 내고 있는 노래이다.

12시간이 넘는 뮤지컬 수업과 그 수업을 통해 만들어진 작품을 성공적으로 공연한 후, 구포초 3학년 아이들을 일 년 뒤에 다시 만났다. 우리 학교 4학년 아이들을 데리고 우리 지역 학생예술문화회관에서 주최하는 클래식 공연을 단체 관람하러 갔었는데, 4학년이 된 구포초 아이들도 그 자리에 온 것이다. 대부분의 아이들이 고래고래 고함을 지르며 인사하는 통에 다소 머쓱하기도 했지만, 그 아이들의 기억 속에 반가운 얼굴로 자리할 수 있어 다행이라는 생각이 들었다.

"와, 선생님, 억수로 유명하시네예!"

"그래, 나, 원래 이런 사람이야! 그러니까 너희들도 앞으로 나한테 좀

잘해 줘!"

　신기한 듯이 나와 구포초 아이들의 만남을 바라보던 우리 반 아이에게 능청스럽게 이야기했다.

　아이들과 익숙해진 3월이 끝나갈 무렵이면, 혼자 남은 교실에서 이 노래를 부르곤 한다. 개인적으로는 구포초 아이들과 짧았지만 강렬한 추억이 남아 있기도 하고, 노래를 통해 만들어 가고픈 교실의 모습이 이 노래에 고스란히 담겨 있기에.

이렇게 불러 봐요

이 노래가 지닌 가사의 의미를 총 세 부분으로 나누어 살펴볼 수 있다. 첫 번째 부분은 함께 한다는 것에 대한 의미, 두 번째 부분은 교실 속에서 관심을 놓치지 말아야 할 친구의 모습, 세 번째 부분은 궁극적으로 우리가 만들어 가야 할 교실의 모습에 대해 담고 있다.

그래서, 이 노래의 셈여림도 아래와 같이 조금씩 변화를 주어 부르는 것을 권하고 싶다. ①에서는 노래의 시작인 만큼 조금 힘찬 분위기로 노래를 부르다, ②에서 조금 여리게 부르며 변화를 주는 것이 좋다. 그리고, ③에서는 마지막 부분의 힘찬 분위기를 좀 더 부각해 주기 위해 점점 세게 불러 주고, 노래의 주제가 등장하는 ④에서는 매우 세게 불러 주는 것이 노래의 분위기를 살리는 데 효과적일 것이다.

구분	노래 가사	셈여림
①	바람을 가르며 ~ 먼 길을 갈 수는 없죠	조금 세게
②	주위를 둘러봐요 반가운 얼굴들이	조금 여리게
③	따뜻한 손 내밀어 같이 가자 말하고 있네	점점 세게
④	손 잡고 달릴 준비 ~ 우리 함께 만들어 가요	매우 세게

그리고, 노래 가사를 학급의 상황이나 분위기에 맞게 바꾸어 반가로 활용해 보는 것도 생동감 넘치는 3월의 분위기를 만드는 데 도움이 될 것이다.

모두가 행복한 학교 만들어요

이호재 글, 곡

바 — 람 을   가 — 르 며   하늘을오르는새 — 처 럼

혼 자 만 의   힘 으 로 는   먼 길을날수는 없 — 죠

주 위 를 둘 러 봐 요   반 가 운 친 구 들 이

따 뜻 한 손 내밀어   같이가자   말 하 고 있 네 — —

손 잡 고달릴준비 됐 나 요   너와나꿈을향해 달 려 요

모 두 가다행복한 학 교 를   우 리 함 께만들 어 가 요

노래 부르는 아이들의 목소리가 작아요!

노래 활동 TIP

1. 노래 부르기 전에 반드시 고려해 봐야 할 것

ⓠ **아이들이 도무지 입을 벌리려고 하지 않아요**

ⓐ 노래를 부를 때 아이들이 입을 떼지 않을 때는 대부분 노래를 제대로 모르는 경우이다. 이때는 먼저 아이들이 노래를 알고 있는지 확인해 보고, 아이들 귀에 익숙해지도록 노래를 자주 들려주는 것이 좋다.

ⓠ **아이들의 목소리가 너무 작아요**

ⓐ 아이들의 목소리가 작은 경우, 음역대가 맞지 않는 이유가 가장 크다. 동요의 고음역이 대부분 2 옥타브 '도'에서 '미'인 반면, 변성기를 겪고 있는 고학년 아이들이 최선을 다해 낼 수 있는 음역대는 보통 '라'에서 '도'까지이다. 아무리 활발하더라도 자신의 목소리가 갈라지는 부끄러움을 감수하면서까지 노래를 신명나게 부를 수 있는 아이는 거의 없을 것이다.

ⓠ **음치는 아닌 것 같은데, 음정을 틀리게 부르는 아이들이 많아요**

ⓐ 아이들은 반주보다는 주변의 목소리가 큰 아이들을 따라 소리를 내는 경향이 높으므로, 노랫소리가 큰 아이들이 노래의 음정에 맞게 부르고 있는지 확인해 보는 작업이 필요하다.

ⓠ **아이들이 동요 부르는 것을 너무 시시하다고 생각해요**

ⓐ 고학년의 경우, 동요가 유치해서 부르기 싫다는 아이들이 많은데, 아이들과 부를 노래가 학년의 상황과 수준에 맞는지, 노래에 담긴 이야기나 표현이 아이들의 감성과 너무 동떨어져 있는 건 아닌지 반드시 고려해 봐야 한다.

2. 효과적인 노래 지도를 위한 몇 가지 조언

● **노래를 배우기 전 해당 노래와 친숙해질 기회를 자주 가져라**

보통 귀가 열리면, 입은 자연스럽게 열리게 되는 경우가 많다. 수업 자투리 시간과 점심시간을 적극적으로 활용하여 배울 노래를 미리 들려줌으로써, 아이들이 노래의 가사와 가락에 익숙해질 수 있도록 하는 것이 좋다.

● **아이들이 가장 자신 있게 부를 수 있는 음역대를 찾아라**

교사가 직접 피아노나 기타를 활용하여 반주하는 것이 가장 효과적이나, 멀티미디어 음악 자료를 활용하더라도 컴퓨터 사운드 카드의 노래방 기능을 활용하면 음정을 자유롭게 낮추고 높일 수 있다. 단, 재생되는 소리를 인위적으로 왜곡시켜 음정을 조정하는 방식인 만큼 약간의 음질 손실은 감수해야 한다.

● **노래 부르기에 적극적인 아이들을 곳곳에 배치하라**

노래를 부를 때 아이들은 주변의 분위기나 환경에 많은 영향을 받는다. 즉, 주변의 노랫소리가 크면 자신의 목소리도 크게 내고, 주변의 소리가 작아지면 자신의 소리도 작게 내는 경향이 있다. 그래서 평소 교사와 신뢰가 두텁고 노래 부르기에 적극적인 아이들을 곳곳에 배치한다면, 노래 부르기 활동 때 든든한 우군이 될 것이다.

● **노래를 부르는 재미를 느끼게 하라**

노래의 빠르기나 셈여림을 변화하며 부르거나 노래 가사의 일부분을 빼거나 바꿔 부르기 등의 방법을 활용하면, 아이들이 흥미를 잃지 않고 노래를 부르는 데 많은 도움이 된다.

4월

학교에 가면

3월이 처음 만나는 친구들을 이해하는 활동에 초점을 두는 달이라면,
4월은 구체적으로 학급의 틀을 만들고, 구성원들의 관계를 더욱 발전시켜 나가는
달이다. 그래서 아이들 자신이 소속된 학급과 주변 친구들에 대한
따뜻한 시선을 담은 노래들을 소개하고자 한다.

넌 나의 친구야

신출내기 교사 티를 막 벗고, 방송부 업무를 맡아 이런저런 학교 행사 때마다 불려 다니던 2010년에 있었던 일로 기억된다. 그때 우리 학교는 장애이해교육 교육부 연구시범학교로, 일주일이 멀다 하고 계획과 실행이 반복되는 학년별 행사 때문에 늘 분주했던 시기였다. 강당에 방송 기자재가 고정으로 설치되어 있지 않아 크고 작은 강당 행사가 있을 때마다 계속 다시 설치해야 하니 학년에서 알아서 하시라 말할 수도 없는 상황이었다.

그런데 사실 이런 실적 위주의 행사를 자주 하는 것보다 더욱 불만스러웠던 것은, 학년에서 이루어지는 교육 내용에 대한 것이었다. 장애 상황을 체험한답시고, 눈을 가리거나 목발을 짚고 깔깔거리며 활동에 참여하는 아이들을 보면서 과연 저 아이들이 이런 활동들을 하면서 어떤 감정을 배우게 될지 걱정이 앞섰다. 어차피 대부분의 활동이 사진을 찍기 위한 것이었으니, 아이들과 많은 시간을 할애하여 이야기를 나눌 여유조차 주어지지 않는 듯했다.

그래서 나는 주무를 맡고 계시던 연구부장님께 연구학교 성과발표회를 위한 형식적인 활동보다는 아이들의 성장을 도울 수 있는 내실 있는 활동을 해 보자고 건의를 드렸다.

"나도 알겠는데, 마땅한 활동이 많이 없어서요! 이호재 선생님이 이와 관련된 노래를 만들어 주면 어떨까요?"

후배 교사의 넋두리를 듣고 역으로 제안하신 부장님의 부탁을 쉽사리 거절할 수 없었다. 대안 없이 불만만 토로하는 교사라는 이야기를 듣기도 싫었지만, 장애인에 대한 인식을 개선하기 위해 아이들과 의미 있게 부를 노래를 만들고 싶다는 욕심이 있었기 때문이다.

그렇게 며칠을 고민하다 만든 노래가 이번에 소개할 〈넌 나의 친구야〉라는 곡이다. 이 노래는 가락보다 가사에 훨씬 공을 많이 들인 곡인데, 너무 뻔한 내용을 훈계하듯이 늘어놓은 가사보다는, 아이들이 쉽게 공감할 수 있는 말로 장애인들이 다른 사람에게 바라는 것이 무엇인지를 노래 속에 온전히 담아내고 싶었다.

사실, 나의 친형도 시각 장애를 가지고 있는 분이라 어린 시절 형과 함께 다니던 경험을 떠올려 보면 장애인들이 가장 불편하게 생각하는 부분을 찾아내는 데 큰 어려움이 없었다. 그건 바로 장애인을 특별하게 바라보는 시선, 즉 '편견'이었다. 예전에 우리 반에도 손이 약간 불편한 아이가 있었는데, 그 아이도 자신이 충분히 할 수 있는 일을 친구가 도와준다고 말하는 것이나, 신기하다는 듯이 쳐다보는 친구들의 시선을 매우 거북스러워하고 싫어했다.

〈넌 나의 친구야〉를 완성하고, 하루 만에 음원을 녹음한 뒤 각 반에 배포하였는데, 며칠 이후 이 노래는 우리 학교 아이들이 가장 많이 부르는 노래가 되어 버렸다. 방송 조회를 할 때나 학년별로 이루어지는 체험 활동을 할 때에도 전체 행사를 이 노래로 마무리했고, 심지어는 수화로 만들어서 전교생이 함께 배우기도 했다.

이 노래는 장애가 차별이 아니라 단지 다름일 뿐이고, 장애를 가진 분들을 더욱 힘들게 하는 건, 불편한 몸이 아닌 사람들의 편견 때문이라고 말하고 있다. 과학의 날에 묻혀, 잊고 지나치기 쉬운 장애인의 날이 있는 4월, 이 노래를 통해 나와 다른 친구를 존중하는 마음과 우정의 소중함을 다시 한번 되새기는 좋은 기회가 되었으면 좋겠다. 아울러, 어린 시절 노래와 음악을 통해 나에게 많은 영감을 준 나의 형님에게도 이 노래를 통해 고마운 마음을 전하고 싶다.

 ### 이렇게 불러 봐요

〈넌 나의 친구야〉의 첫째 단, 둘째 단, 다섯째 단, 여섯째 단은 비슷한 리듬이 유사한 가락의 흐름을 가지고 하강하는 구조를 지니고 있다. 그래서 맨 처음 한 마디에 나오는 리듬과 가락만 집중적으로 익힌다면 아이들과 이 노래를 배우는 데 큰 어려움은 없을 것이다.

또한 아이들을 두 팀으로 나누어 한 팀은 아래에 제시된 리듬으로 손뼉이나 책상을 치게 하고, 나머지 팀은 노래를 부르는 활동을 해 보는 것도 재미있고 박진감 넘치는 노래 활동이 될 것이다. 물론 아래의 리듬 외에 이 노래에 사용된 리듬이나, 교사가 새롭게 만든 다른 리듬으로 제시해도 좋을 것이다.

그리고, 이 노래의 각 마디 끝에 대부분 들어가 있는 ♪♩ 리듬의 경우, 8분 음표보다는 4분 음표에 좀 더 강세를 주어 발성한다는 기분으로 노래를 부르는 것이 좋고, 넷째 단의 '눈망울'의 경우, 아이들에게 익숙한 멜로디가 아니므로 몇 번씩 반복해서 연습하는 것이 필요하다.

넌 나의 친구야

이호재 글,

키 작으면 어때 뚱뚱하면 어때 얼굴색 다르면 어때요

이 세상 사람들 모두 다 같다면 이상하지 않―나요 ―

우리에게 필요한 건 특별한 관심보 단

편견없이 날 바라볼 따스한 너의 눈망울

몸이 불편해도 조금은 느려도 그런게 중―요 하나요

작은 손 내밀어 마음을 보여준 넌―나의 친―구야 ―

자리 바꾸기

"선생님, 절대 ○○이랑 ○○와만 짝지가 안 되게 해 주세요! 그 두 아이만 아니면 돼요!"

"그게 선생님 마음대로 되니? 다 컴퓨터가 하는 일인데……."

글쓰기면 글쓰기, 그리기면 그리기, 노래면 노래, 정말 못 하는 것 없는 우리 반 팔방미인 유정이가 아침 일찍 등교하자마자 상기된 얼굴로 나에게 와서 조잘대기 시작했다. 그도 그럴 것이 그날은 내가 임의로 배정했던 임시 자리를 끝내고, 아이들이 몇 주 전부터 손꼽아 기다리던 '자리 바꾸는 날'이었기 때문이다. 대수롭지 않게 여길 수도 있는 날이지만, 누가 옆에 앉느냐에 따라 한 달 동안 자신의 생활에 적지 않은 영향을 미치기 때문에 아이들은 아침부터 술렁이기 시작했다.

내가 유정이에게 한 말 중 컴퓨터가 알아서 한다는 말은 반은 진실이고, 반은 거짓이었다. 왜냐하면, 그때 당시 많이 활용했던 자리 바꾸기 플래시 프로그램은 아이들의 자리를 무작위로 섞는 데 주로 쓰였는데, 특별히 다른 친구들의 도움을 필요로 하거나, 서로 너무 맞지 않는 아이들끼리 짝이 되지 않도록 미리 자리를 지정하는 기능도 있었기 때문이다.

이 플래시 프로그램에 설정되어 있는 카운트다운 소리에 맞춰 아이들의 목소리가 점점 커지기 시작했고 자신이 앉을 자리가 공개되는 그 순간, 예상했던 것처럼 아이들의 희비가 엇갈렸다. 내심 기분이 좋으면서도 겉으로는 티를 내지 않으려고 애쓰는 아이, 얼굴에 싫다는 표정이 바로 묻어나는 아이, 누가 되어도 상관없다는 듯 곧바로 자기 짐을 챙기는 아이 등 아이들의 모습은 사뭇 다채로웠다.

그중 자신의 자리에 가장 불만을 느낀 아이는 다름 아닌 아침부터 나에게 자리에 대해서 말했던 유정이었다. 아침에 유정이가 절대로 짝이 되면 안 된다고 콕 찍었던 남자아이와 하필 짝이 된 것은 그렇다 치더라도, 모둠원 중 혼자만 여자인 데다가 우리 반에 개구쟁이란 개구쟁이들은 그 모둠으로 다 모인 것이다. 예쁘고 공부도 잘하는 유정이와 같은 모둠이 된 걸 남자아이들은 내심 좋아하는 눈치였지만, 주위를 둘러보며 울상을 짓던 유정이의 표정을 아직도 잊을 수 없다. 하지만, 유정이 자리만큼은 내가 따로 설정을 한 바 없고, 어차피 남자아이가 더 많은 탓에 여자아이 한 명은 남자아이들 셋과 같은 모둠으로 구성될 수밖에 없었기 때문에 다시 물릴 수도 없는 노릇이었다.

그날의 참담했던 유정이의 심정은 아이의 일기장에 고스란히 담겼다. 내가 의도한 바는 아니지만, 그 일기를 읽는 순간 유정이에게 미안한 마음이 들면서도 이상하게 자꾸만 웃음이 났다.

〈자리 바꾸기〉는 그 당시 더할 수 없는 슬픔(?)에 빠져 있던 유정이에게 띄우는 일종의 위로 편지였다. 일부러 그런 것은 아니었지만, 유정이의 바람을 들어주지 못해 미안하다는 말과 함께 이 노래를 들려주니, 성격 좋은 유정이는 피식 웃으며 이내 환한 미소를 지었더랬다.

아이들의 두근거리는 기대 속에 자리를 바꾼 날이라면 이 노래를 아이들과 함께 불러 보라고 권해 드리고 싶다. 자리의 변화로 인해 어색해지는 분위기도 유정이의 살아 있는 경험으로 만들어진 이 노래를 통해 정겨움으로 바뀔 수 있을 것이라 확신한다.

* '바랬는데'는 '바랐는데'의 잘못된 표현이지만, 아이들 입말에 자연스러운 발성을 위해 아이의 표현을 그대로 살려 넣었다.

 이렇게 불러 봐요

〈자리 바꾸기〉의 '세상에나', '결국에는', '어쩜 좋아', '이런 일이'와 같이 감탄사와 비슷한 역할을 하는 가사는 속상한 감정이 잘 표현되도록 짧게 끊어 부르는 것이 좋고, '벌어졌고', '있을까'와 같은 가사에서는 제 박자를 지켜 부르면 노래 부르는 맛이 더욱 살아날 것이다. 그리고 '같은 짝이 되기를 간절히 바랬는데' 부분은 화자의 감정이 가장 폭발적으로 표현된 부분이라 고음 위주로 가락을 배치했으니 충분히 호흡을 확보한 다음, 마치 절규하듯 세게 부르도록 지도해야 한다.

이 노래의 가사에 등장하는 아이들의 이름은 긍정적인 표현으로 언급되어 있으므로 아이들의 실제 이름으로 바꾸어 부르는 것도 노래의 사실감을 살리는 데 많은 도움을 줄 것이다.

마지막으로 이 노래에는 가사가 없는 휴지 구간이 많아, 가사와 가사 사이 적절한 추임새나 손뼉치기를 넣어 불러 보는 것도 노래의 재미를 더해 주는 좋은 방법이다.

자리 바꾸기

이유정 글, 이호재 곡

상쾌한 등굣길의 풍경을 담은

참 좋은 아침이야

"선생님, 아이들이 정겹게 인사를 나누며 등교하는 풍경을 담은 노래가 있었으면 좋겠어요!"

"그러려면 다행복학교의 아침 등교 모습을 직접 눈으로 봤으면 좋겠는데……."

매년 내가 소속된 연구회에서 개최하는 공연인 '노래로 그리는 교실' 기획 회의 때 부산형 혁신학교인 '다행복학교'에 근무하시는 한 선생님께서 말씀하셨다. 특히 혁신학교 아이들이 살아가는 모습을 짧은 시간 동안 '뮤지컬'이라는 장르에 담아야 하는 공연인 만큼, 어설프게 구색만 갖춘 노래가 아니라 아이들의 살아 있는 모습이 그대로 묻어나는 노래가 필요했다.

사실 그때는, 이른 아침에 출근하는 경우가 많아 등교하는 아이들의 표정이나 행동을 주의 깊게 관찰한 적이 없었고, 학습 연구년 파견교사로 근무하던 시기라 학급 아이들에게 물어볼 수도 없는 상황이었다. 그래서 그 노래를 부를 아이들의 학교로 찾아가 바쁘게 등교하는 아이들의 모습을 찬찬히 살펴본 적이 있었다.

마치 오랜만에 친구를 만난 듯 과하게 몸을 부딪치며 반가움을 표현하는 아이들의 모습부터, 아침부터 무슨 불만이 그렇게 많은지 무뚝뚝한 표정으로 뚜벅뚜벅 교실로 걸어 들어가는 아이들 모습까지, 비교적 따사로웠던 늦겨울의 등굣길 풍경은 각양각색이었다. 그중에서도 가장 인상 깊었던 모습은 남동생을 데리고 가던 한 여자아이의 모습과 학생 한 명 한 명과 일일이 인사를 나누시던 그 학교 교감 선생님의 모습이었다.

1학년쯤으로 보이는 남자아이가 여전히 잠이 깨지 않았는지 눈을 반쯤 감은 채로 비틀거리며 걷는 모습과, 동생이 넘어질까 봐 손을 꼭 붙들고 바쁜 걸음을 재촉하는 누나의 모습이 그렇게 예뻐 보일 수 없었다. 그리고 등교하는 아이들에게 일일이 인사를 건네 보지만, 무시하고 지나가는 아이들을 보며 겸연쩍은 웃음을 짓던 교감 선생님의 모습도 등굣길 풍경을 무척 따사롭게 만들고 있었다. 어찌 보면 고단한 하루를 시작하는 아침이 마냥 반갑지만은 않을 텐데, 반복되는 일상을 정겨움으로 채워 가고 있는 그 사람들의 마음이 너무 인상 깊었고, 결국 그들의 모습과 말은 이 노래로 와서 오롯이 가사가 되었다.

그날, 유달리 즐거워 보이는 아이 한 명의 모습이 눈에 띄어서 나는 그 아이에게 살며시 말을 건네 보았다. 그 아이는 내가 뮤지컬 수업을 함께 했던 3학년 아이라 다행히 안면도 있는 사이였다.

"너는 뭐가 그렇게 즐겁니? 학교 오는 것이 그렇게 좋아?"

"뭐, 다 좋은 건 아니지만, 아침에 친한 친구들 얼굴 보면 그냥 반갑잖아요! 물론 수업을 시작하는 종이 치면, 또다시 지루한 시간이 이어지겠지만……."

아이의 말을 들으며, 뻔한 질문을 한 내가 참 어리석었다는 생각이 들었다. 아이들이야 친한 친구들을 만나서 좋은 거지, 아침의 선선한 기운만으로 학교 가는 길이 행복하고 설레는 아이는 그리 많지 않을 것이다.

〈참 좋은 아침이야〉는 등굣길의 정겨운 풍경과 시시각각 변하는 아이들의 감정을 따뜻한 눈으로 관찰하고 표현한 노래이다. 날마다 반복되는 학교의 일상이 그나마 새롭게 느껴지는 이유는 나를 반겨 주는 친구의 얼굴 속에서 오늘도 특별한 일이 펼쳐질 것 같은 기대와 희망을 발견할 수 있기 때문이 아닐까?

 이렇게 불러 봐요

〈참 좋은 아침이야〉는 크게 등굣길의 전체적인 풍경을 담은 처음 부분과 사람들의 표정과 행동에 주목한 가운데 부분, 그리고 이 시간이 주는 행복과 하루에 대한 기대를 담은 마지막 부분으로 나뉜다. 가사가 주는 느낌을 살려 첫 부분은 다소 담담하게 부르다, '참 좋은 아침이야'부터는 조금 성량을 키워 부르는 것이 좋고, 가운데 부분부터는 경쾌하고 밝은 분위기로 노래를 이어 가는 것이 좋다. 그리고 마지막 부분은 음역 자체가 높은 편이니, 쉼표가 있는 구간에서 호흡을 충분히 확보하여 부르는 것이 무엇보다 중요하다.

이 노래는 셔플 풍의 리듬으로 점 8분 음표와 16분 음표로 이루어진 리듬이 많은데, 노래를 부를 때 16분 음표의 리듬이 뒤로 밀리지 않도록 주의해야 한다. 그리고 마디의 앞부분에 등장하는 4분 음표는 스타카토의 느낌까지는 아니어도 약간 튕기듯이 짧게 끊어 불러 주는 것이 노래의 맛을 살리는 데 많은 도움을 줄 것이다.

이 노래의 제목에 해당하는 '참 좋은 아침이야'라는 가사가 두 번 등장하는데, 선율과 리듬이 다르고 이음줄로 연결된 부분이 많아 아이들이 많이 헷갈리는 부분이니, 이 부분만 따로 떼어서 반복해서 연습시키는 것이 좋다.

참 좋은 아침이야

이호재 글, 곡

햇 살 이 내 볼 을 간 질 고　바 람 도 상 쾌 한 등 굣 길

어 제 와 또 다 른 것 같 은　참 —좋 은 아 침 이 야 —

선 생 님 의— 너—털 웃 음 도　잠 이 덜 깬— 동 생 들 얼 굴 도

이 상 하 게— 정 겨 워 보 이 네　내 마 음 을 설 레 게 해 —

수 업 시 작 하 는 종 이 치 면—　마 음 이 변 할 지 모 르 지 만—

이 —시 간 만 은—　내 겐 행 복 이 야 —　참 좋 은 아 침 — 이 야

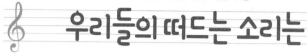

우리들의 떠드는 소리는

교육청의 예산을 지원받아 아이들과 다양한 노래 프로그램을 안정적으로 운영해 볼 목적으로, 22명의 선생님과 더불어 처음으로 부산초등노래교육연구회를 조직하여 운영했던 2014년의 어느 가을이었다. 공교롭게도 같은 학교에 근무하는 3학년과 4학년 담임 선생님 두 분이 연구회에서 활동하는 바람에, 그 두 학급이 '제12회 노래로 그리는 교실' 공연의 한 꼭지를 맡아 함께 무대에 서게 되었고, 나는 그 팀의 창작 지원을 맡아 이런저런 아이디어를 활발하게 주고받을 무렵이었다.

공연의 흐름상 어른들에 대한 아이들의 바람과 학교생활 속 불만을 담아내야 하는 부분이 있었는데, 선생님들과 머리를 맞대고 아무리 고민을 해 봐도 마지막 곡이 선뜻 떠오르지 않는 것이었다. 고민 끝에 그 두 선생님께 아이들이 쓴 글, 아무것이라도 좋으니 있는 대로 보내 달라고 했다. 그리고 며칠 뒤 아이들의 일기로 보이는 10편 정도의 글을 나에게 보내셨는데, 그 글들 중 유독 '이도현'이라는 아이가 자신의 반에 대해 묘사한 글이 눈에 띄는 것이다. 글의 내용 자체는 새로울 것이 없었지만, 왁자지

결한 교실의 풍경을 묘사한 부분이 매우 사실적이어서, 그 글에 곡을 붙이는 데는 한 시간도 채 걸리지 않았다.

곡을 완성했던 그날 밤, 흥분된 마음이 가시지 않아 늦은 새벽까지 악보를 만들고, 멜로디가 있는 반주도 만들었다. 다음 날, 연구회 선생님 두 분께 가이드 음원을 보내 드렸더니, 아이들 반응이 폭발적이었다고 했다. 그때 난, '아, 이 곡이 이번 공연의 히트곡(?)이 되겠구나!'라고 예감했는데, 유튜브에 탑재된 공연 영상을 보면 알겠지만, 나의 예상은 크게 어긋나지 않았다. 두 선생님이 워낙 노래에 딱 들어맞게 안무를 잘 짜 주시기도 했지만, 노래를 부르는 아이들 표정 하나하나가 노래와 어울려 마치 악기처럼 살아 움직이는 듯했다.

관객들의 폭발적인 박수갈채를 받으며 성공적으로 공연을 마치고, 학생예술문화회관을 걸어 나오는데, 공연을 했던 한 아이와 학부모님의 대화를 우연히 엿듣게 되었다.

"도현아, 그 노래 진짜 네가 작사한 거 맞나? 엄마는 네가 작사한 노래가 제일 좋더라!"

"뭐, 그 정도 가지고……. 우리 친구들도 그 노래를 제일 좋아해요!"

갑자기 이 노래의 가사를 써 준 도현이에게 고마운 마음을 전하고 싶어 다정한 두 모자의 대화에 끼어들었다.

"아, 네가 그 도현이구나!"

"이호재 선생님! 제 글을 노래로 만들어 주셔서 정말 감사합니다!"

그날 처음 본 아이였지만, 3학년 아이가 그렇게도 공손하게 고마움을 표현하는 걸 보니, 나의 작은 수고로움이 한순간에 보상받는 듯한 느낌이었다. 그래서 나도 그 꼬마 작사가에게 고개를 숙여 고마운 마음을 전

했다.

"너희 반의 진솔하고 재미있는 이야기를 글로 잘 써 줘서 내가 더 고맙지!"

아이들이 유달리 떠든다고 느껴질 때, 무작정 조용히 하라고 잔소리하는 것보다는 이 노래를 아이들과 함께 불러 보라고 권해 드리고 싶다. 아이들은 자신의 마음을 대변해 주고 이해해 주는 노래에 의외로 쉽게 마음을 열고 다가온다. 그리고 시끌벅적 떠드는 소리보다야 노래가 훨씬 듣기 좋으니 말이다.

 이렇게 불러 봐요

〈우리들의 떠드는 소리는〉은 처음부터 줄곧 다소 상기된 목소리로 교실의 들뜬 분위기를 표현해야 하는 노래이다. 반복되는 구간이 많고, 비교적 쉬운 가락과 리듬으로 구성되어 있어 아이들이 배우기에 어렵지 않은 곡이지만, 다섯째 단의 '그칠 줄 모르는'과 여섯째 단의 '소중한 꿈들도'의 서로 다른 가락을 혼돈하여 똑같이 부르는 경우가 많으니 유의해야 한다.

또한, 이 노래의 가장 높은음이 있는 '내숭 떠는 우리 연기 짱짱짱' 부분에서는 마땅히 숨을 쉴 구간이 없으니 그 전에 충분히 호흡을 확보하는 것이 중요하고, '짱짱짱'은 마치 구호를 외치듯 시원하게 내질러야 하는 부분이다.

그리고, 이 노래에는 '뭐하는 짓이야! 왜 이리 떠들어!'나 '쏜살같이 달려 모두 제자리로'와 같이 사람들의 말이나 행동을 그대로 묘사한 가사가 많이 등장한다. 안 보고 부를 만큼 노래에 익숙해졌을 때 노래 가사를 마치 연기하듯이 불러 보라고 하면 의외로 재미있는 말투나 창의적인 동작들이 많이 쏟아져 나오니, 아이들과 꼭 시도해 보길 바란다.

우리들의 떠드는 소리는

이도현 글, 이호재 곡

2 반 지 나 3 반 4 반 5 반까지울려퍼진 다

우 리 들 의 떠 드 는 소 리 는 그누구도막을수없 지

뭐 하 는 짓 이 야 왜 이 리 떠 들 어 선 생 님 이 문 을 여 시 면

쏜 살 같 이 달 려 모 두 제 자 리 로 내 숭 떠 는 우 리 연 기 짱 짱 짱

혼 이 나 도 그 칠 줄 모 르 는 시 끄 러 운 그 소 리 만 큼

우 리 들 의 소 중 한 꿈 들 도 하 늘 까 지 울 려 퍼 져 라

노래 가사 바꾸기를 통한 반가 만들기

노래 활동 TIP

노래 가사 바꾸기는 교사가 음악에 대한 전문적인 지식이 없다 해도, 쉽게 아이들과 해 볼 수 있는 창작 활동이다. 아이들이 즐겨 부르는 노래의 가사를 우리 반의 개성이 묻어나도록 바꾸어 반가로 활용한다면, 학급 공동체의 동질감을 높이고, 서로에 대한 정을 두텁게 하는 데 많은 도움이 될 것이다.

1. 의미 단어를 끊어 제시하는 방법

노래 가사 바꾸기를 할 때 아래의 표와 같이 몇 개의 단어로 끊어 아이들에게 제시하면, 한 줄을 통째로 제시하는 것보다 노래 가사가 지닌 운율과 반복되는 말의 특징을 살리는 데 효과적이며, 소외되는 아이들 없이 공동으로 노래 가사 바꾸기 활동을 할 수 있다.

또한 제시되는 원곡의 가사를 3~5음절 정도씩 끊어서 제시하면 아이들도 노래 가사 바꾸기 활동을 할 때 되도록 그 칸의 글자 수에 맞추려고 노력하기 때문에, 활동 후 바뀐 가사로 노래를 부르는 데에도 큰 어려움이 없다.

1	원래 노래	얼굴 찌푸리지	말아요	모두가	힘들잖아요
	바꾼 가사				
2	원래 노래	기쁨의 그날 위해	함께하는	친구들이	있잖아요
	바꾼 가사				
3	원래 노래	혼자라고	느껴질 때면	주위를	둘러보세요
	바꾼 가사				
4	원래 노래	이렇게	많은 이들	모두가	나의 친구랍니다
	바꾼 가사				

[의미 단어를 끊어 원곡을 제시하는 노래 가사 바꾸기 활동]

2. 글자 수에 맞게 칸만 제시하는 방법

만약, 아이들의 기발한 상상력과 살아 있는 표현이 묻어나는 가사 창작을 원할 경우에는 아이들이 다소 어려워하더라도 원래 노래의 가사를 제시하지 말고, 바꿀 가사의 수만큼 칸을 비워 제시하는 것이 좋다.

특정 소재로 노래의 내용을 한정하고 싶다면, 아래의 방법과 같이 노래 가사의 일부를 미리 제시하는 것도 좋은 방법이다. 통째로 모든 가사를 비워 놓았을 때에는 어떻게 가사를 시작해야 할지 아이들이 난감해할 뿐 아니라, 노래의 운율을 제대로 살리기도 어렵다. 이때 아이들의 호기심을 자극하기 위해서 원곡은 '노래 가사 바꾸기' 활동이 마무리된 다음 공개하는 것이 좋다.

내 동생	내 짝지는 못 말려
○○○ ○○○○ ○○○○ 못 말려	내 짝지 ○○이는 정말 정말 못 말려
○○○ ○○○○ ○○○○ 못 말려	날마다 사고 치는 내 짝지는 못 말려
○○○ ○○○○ ○○○	숙제를 안 해 와서 혼나고
○○○ ○○○○ ○○○	준비물을 안 가져와 혼나고
○○○ ○○○○ ○○○	수업 시간 떠들어서 혼나고

[칸을 비워 제시하는 방법]

 QR코드 앱으로 왼쪽 그림을 찍은 후, 링크된 주소로 이동하시면, 〈얼굴 찌푸리지 말아요〉를 활용한 반가 만들기 학습지를 다운 받으실 수 있습니다.

5월

소중한 사람들

5월은 어린이날이 있는, 아이들에게는 그 어느 달보다 소중한 달이다.
또한, 아이들 가까이에서 살아가는 부모님, 선생님 등과 관련된 기념일이
많은 달이기도 하다. 그래서 5월은 소중한 사람들의 고마움에 대해
생각해 볼 수 있는 노래들로 구성해 보았다.

엄마에 대한 따뜻한 사랑이 담긴

실내화 빨기

10년 전, 처음으로 음악 전담을 맡았을 때의 가장 큰 어려움은 담임이라 가능했던 학급 아이들과의 밀착된 노래 활동을 더 이상 지속하기 어렵다는 점이었다. 모든 시간을 오롯이 음악을 통해 아이들과 소통할 수 있다는 점은 전담만이 누릴 수 있는 큰 장점이긴 했지만, 빡빡하게 짜여진 교육과정을 비집고 아이들과 의미 있는 노래 활동을 계획하고 실천하는 일은 그리 간단한 문제가 아니었다. 특히나 아이들 글로 곡을 만드는 활동은 다른 교과 활동이나 학급운영 속에서 자연스럽게 이루어지는 과정이라, 전담 수업을 진행하면서는 시도를 할 엄두조차 나지 않았다. 그래서 생각해 낸 방법이 글쓰기를 학급운영의 중심에 놓고 생활하시는 선생님들의 도움을 받는 것이었다.

진솔한 글이 아름다운 선율을 만났을 때 사람들에게 주는 감동은 배가 된다는 사실을 몸으로 경험한 나는, 우리 반에만 국한되어 있던 노래 활동의 저변을 확대시켜 볼 욕심으로 '인디스쿨'이라는 초등 포털 사이트를 통해 아이들의 좋은 글을 공모(?)한다는, 다소 용감한 글을 올렸다. 그

때 마침 아이들과 평소에 글쓰기를 꾸준히 실천하고 계시던 경기도의 한
선생님으로부터 학급 홈페이지에 올라온 글들을 통째로 활용해도 좋다
는 연락을 받았고, 한 아이의 진솔한 일기를 보고 만든 노래가 〈실내화
빨기〉라는 노래이다.

힘든 실내화 빨기
김진형

2, 4주는 내가/ 언니 것도 빠는 주고
언니는 1, 3주에 빤다
이번 주는 4주여서/ 내가 빨아야 했는데
2년을 해도/ 힘든 건 마찬가지인가 보다

처음 일기를 보았을 땐 재미있거나 개성이 넘치는 표현이 딱히 보이지
않아 '이 글을 노래로 만들면 과연 많은 아이에게 감흥을 줄 수 있을까?'
하는 의문이 잠시 들었다. 하지만, 이 일기를 읽으면 읽을수록 진형이가
실내화를 빨면서 느꼈을 미묘한 감정들이 떠올라 나도 모르게 흐뭇한 미
소가 지어졌다. 아이의 글이 감동을 주는 건 그 표현이 세련되어서가 아
니라 아이들의 진솔한 마음이 담겨 있기 때문이란 걸 잘 알기에, 진형이
의 글은 많은 아이에게 강한 여운을 줄 것이라는 믿음도 있었다.

이 노래에는 주말에 어머니 일을 도와드리기 위해 언니와 별생각 없이
시작한 실내화 빨기를 통해 그동안 고생하신 어머니의 사랑을 새삼 확인

해 가는 '진형이'란 아이의 성장 과정이 잘 드러나 있다. 반복되는 일상 속에서 평소 잊고 살아왔던 가족에 대한 소중한 가치를 발견해 나가는 아이의 따뜻한 시선이 돋보이는 노래라고 할 수 있다.

5월 어버이날을 맞이하여, 아이들 각자가 자신의 경험을 떠올리며 부모님의 사랑을 다시 생각해 보는 시간을 나누고 싶다면 이 노래를 아이들과 불러 봐도 좋겠다. 사람의 마음을 움직이는 건 특별한 이벤트보다도 진형이가 실내화를 빨면서 그랬던 것처럼 부모님을 향한 진솔한 마음 하나로 충분할 것이다.

 이렇게 불러 봐요

〈실내화 빨기〉의 첫째 단과 둘째 단은 반복되는 가사를 통해 매 주마다 되풀이되는 아이의 일상을 표현한 부분인 만큼, 4분 음표가 나오는 부분은 원래 박자보다 짧게 끊어서 부르는 것이 좋다. 그리고 셋째 단부터는 점 8분 음표와 16분 음표의 조합이 주는 리듬감을 살려, 의미 단락별로 부드럽게 연결해 부르면 이 곡의 분위기를 살리는 데 큰 어려움이 없을 것이다.

또한, 첫째 단에 나오는 '2, 4주는 내가' 가사 다음에 '내가'라는 말을 구호처럼 넣어 불러 보면 아이들에게 이 노래를 부르는 또 다른 재미를 느끼게 할 것이다. 이건 시키지 않아도, 아이들이 약속이나 한 듯 그렇게 부르는 경우가 더 많다.

마지막으로, 노래의 맨 마지막을 라디오에서 흔히 사용하는 페이드아웃 효과(음악 소리를 점점 작게 낮추는 효과)를 주는 것처럼 불러 보는 것도 노래에 대한 집중력을 높이는 좋은 방법이다.

실내화 빨기

김진형 글, 이호재 곡

2 4 주 는 내 가 1 3 주 는 언 니 가

2 4 주 는 내 가 1 3 주 는언니가하 지 *Fine*

2 — 년을해도 힘 — 든 실 — 내화빨기 이 번 주

는 — 4 주여서 내 — 가해 — 야하는데 우 리 가

어 — 릴때부터 엄마가혼 — 자했던일 그 동 안

말 — 은안해도 얼마나힘 — 드 셨 을 까 *D.C.*

아빠의 발 냄새

"선생님, 이 글 너무 좋지 않아요? 6학년 아이인데 이 아이 마음이 너무 기특해요!"

나와 함께 부산초등노래교육연구회에서 오랫동안 활동해 온 선생님 한 분이 아이의 일기장 하나를 쑥 내밀었다. 그동안 3, 4학년을 많이 맡다 보니 고학년과 나눌 수 있는 노래가 턱없이 부족했는데, 선생님이 건네주신 일기장이 그렇게 반가울 수 없었다.

아빠의 발 냄새

학사초 6학년 차윤성

우리 아빠는 발 냄새가 심하다/ 발에 땀이 많이 나셔서 그렇다

아빠 발에 땀이 날 때는/ 바쁘게 출근하실 때

사장님에게 혼날 때/ 현장에서 일하실 때

아빠가 퇴근하셔서 집에 돌아오시면/ 온 집 안에 발 냄새가 진동한다
발을 씻으시자마자 우리는 아빠에게 놀아 달라 조른다
아침부터 밤까지 하루 종일 바쁘신 우리 아빠
나는 아빠의 발 냄새가 싫지 않다/ 아빠의 발 냄새를 맡으면 마음이
아프다

아마도 평소와 다름없이 아빠는 저녁 늦게 퇴근을 하셨을 것이고, 들어오실 때부터 아빠의 바쁜 하루를 짐작할 수 있는 발 냄새가 온 집 안에 스멀스멀 퍼졌을 것이다. 그 냄새를 이유로 아이들은 온갖 핀잔을 줬을 것이고, 아빠는 머쓱해져 이내 욕실로 씻으러 들어가셨을지도 모른다. 하지만, 이 일기를 보면 금세 알 수 있듯이 그런 아빠에 대한 핀잔이 고맙고도 안타까운 마음으로 바뀌는 데는 오랜 시간이 걸리지 않는다.

주변에서 어렵지 않게 찾아볼 수 있는 일상적인 소재의 글이라 이 일기를 노래로 만드는 일이 조금 망설여지기도 했지만, '아빠의 발 냄새'를 맡으면 마음이 아프다는 윤성이의 표현이 나의 입가에 맴돌며 온종일 머리를 떠나지 않았다. 보통 '발 냄새' 하면 '지독하다', '더럽다'와 같은 부정적인 표현이 따라오기 쉬운데, '마음이 아프다'라고 표현한 것은, 온갖 어려움을 감수하며 가족을 위해 애쓰시는 아빠의 사랑이 느껴져서였을 것이다.

〈아빠의 발 냄새〉의 가사는 6학년 아이의 글이라고 보기 힘들 정도로, 아이 입장에서는 부끄러울 수 있는 소재를 글로 진솔하게 잘 표현했다.

어쩌면 머리를 스치고 지나가는 생각을 그림 그리듯이 옮겨 놓았기에 아이의 순수한 마음이 훼손되지 않고 가사 속에 그대로 녹아들 수 있었을지 모른다. 아이의 글로 만든 노래가 어른들의 그것보다 아름다울 수 있는 이유는 바로 세련된 기교 때문이 아니라 때 묻지 않은 순수하고 솔직한 마음이 담겨 있기 때문일 것이다.

 이렇게 불러 봐요

〈아빠의 발 냄새〉는 비교적 높은 음역대의 가락이 많은 노래이다. 그래서 사전에 숨을 쉬어야 할 곳을 악보에 표시하여, 자연스럽게 고음을 낼 수 있도록 호흡을 충분히 확보해 주어야 한다.

그리고 이 노래에는 '집 안에 발 냄새가 진동한다'나 '아침에 바쁘게 출근할 때'와 같이 점 8분 음표의 길이만큼 쉬고 들어가는 부분이 많아 아이들이 부르기 꽤 까다로워한다. 사전에 손뼉이나 리듬 막대를 이용하여 노래가 들어가는 부분을 충분히 익힌 뒤 노래를 부르게 하는 것이 좋다.

또한, 셋째 단의 '출근할 때'와, 넷째 단의 '일 하실 때'는 당김음에 해당하는 부분이므로, '근'과 '하' 부분에 악센트를 주어 약간 강하게 부르면 이 노래의 느낌을 살리는 데 많은 도움이 될 것이다.

아빠의 발 냄새

차윤성 글, 이호재 곡

아 빠 퇴 근해 — 오 시 — 면 —   집안에 발 냄새 가 진 동한 다 —

발 에 땀 이많 이 나셔 — 서 —   그 렇 다고 한 다 —

아 — 침에 바쁘게 출 근 할 때   사 — 장님께많이 혼 나 실 때 —

현 — 장에서 굳은 일 하 실 때   남몰래흘 — 려 온 땀 방 — 울 —

아 침 부터늦은 밤 까 — 지 —   하 루종일 바쁘신 우 리아 빠 —

아 빠 발 냄새 를맡 으 — 면 —   내 맘 도슬프 다 —

내겐 특별한 선생님

처음으로 아이들 앞에 선생님이라는 이름으로 '스승의 날'을 맞이했던 2001년에 있었던 일이다. '김영란법'도 존재하지 않았고, 스승의 날에 선물 하나 받는 정도는 큰 허물이 아니었던 시절, 책상 위에 놓여 있는 수많은 선물 상자에 적잖게 당황하며 교실에 들어섰다.

대부분의 아이들이 마치 자신의 생일이라도 맞이한 것처럼, 들뜨고 즐거운 표정을 하고 있었지만, 유독 한 아이의 얼굴만은 그렇게 밝아 보이지 않았다. 그 아이의 책상 위에는 자기 손으로 정성껏 접은 카네이션 하나가 놓여 있었는데, 자신을 바라보는 나의 시선을 느꼈는지 그것을 슬그머니 책상 안으로 구겨 넣는 것이었다. 책상 위에 놓인 수많은 선물에 비해 자신이 준비한 선물이 무척 초라하게 느껴졌던 모양이다.

나는 그제서야 '스승의 날'이라는 굴레 속에서 상처 입고 멍들어 갔을 그 아이의 마음을 생각하며, 가슴 한구석이 저미어 오는 것을 느꼈다.

"올해 스승의 날에는 절대 선물을 준비하지도, 가져오지도 말거라."

그 일이 있고 나서 그 다음 해부터는 스승의 날이 다가오면 아이들에게 초임 시절의 경험을 들려주면서 선물을 절대 가져오면 안 된다며 몇 번이고 다짐을 받았다. 꼭 선물을 주고 싶은 사람은 자신이 정성을 다해 쓴 편지나 그림을 달라고 했다. 선생님에게는 돈을 주고 산 선물보다 여러분의 정성과 숨결이 들어간 편지 한 통이 훨씬 값지고 소중하다는 말과 함께……

그날 이후, 스승의 날이 되면 나의 책상 위에는 번득이는 선물 상자 대신 각양각색의 편지 봉투가 놓였고, 아이들 편지를 읽으며 여유로운 오후를 보내는 일은 그 무엇과도 바꿀 수 없는 특별한 선물이 되었다.

〈내겐 특별한 선생님〉은 스승의 날을 맞이하여 아이들에게 받은 편지를 읽고 만든 노래이다. 이 노래를 만들었던 때가 아마도 2005년으로 기억되는데, 이제 막 저학년 티를 벗어나기 시작한 3학년 아이가 보내 준 감사 편지와 캐릭터 그림에 얼마나 감동했는지, 노래를 완성하는 데 30분도 채 걸리지 않았다. 물론 한 번만 들어도 따라 부를 수 있도록 단순하게 만든 곡의 구조도 한몫했다. 한 가지 신기한 일은 그때 감사 편지를 썼던 한 아이가 어느덧 건장한 청년이 되어 얼마 전에 편지를 보내왔다는 사실이다.

선생님, 반갑습니다! 저는 2004년에 구학초등학교 3학년 4반이었던 선생님 제자 ○○○입니다. 벌써 많은 시간이 흘렀네요. 그때 그 시절 선생님께 배웠던 노래들과 그 추억들이 저한테는 너무 좋은 기억으로 남아 있어 네이버에 선생님 이름도 검색해 보고 선생님을 찾으려고 많은 노력을 했었는데 이제야 이렇게 찾게 되었네요! 개인적으로 선생님이 만드신 노래들이 정말 좋아서 지금도 mp3파일로 다운로드하여서 듣곤 합니다. 한글날 기념으로 만드신 노래와 〈체육 시간〉, 〈새로운 마음으로〉, 〈화장실아 네가 그립다〉, 〈귀신 이야기〉, 〈내겐 특별한 선생님〉, 〈개똥이와 금동이〉 등……. 특히 〈북녘 친구들에게〉 노래는 그 당시에 저희에게 편지 형식으로 적어 보라고 했던 기억도 있습니다. 제가 제일 좋아했던 노래이기도 하고요. 정말 많이 듣고 지금도 여전히 그 노래 들으면서 많은 힘을 얻고 있습니다. 당시에 여성문화회관에서 저희 반 아이들 모두 연주회를 할 때 제가 내레이션을 맡아 녹음을 했던 기억도 있습니다. 초등학교 시절 통틀어 가장 뜻깊은 시간이었고 지금도 선생님께서 좋은 음악을 만드시고, 아이들을 가르치시는 모습이 정말 보기 좋고 선생님답다고 생각했습니다. 이렇게 페이스북을 통해서 선생님을 만나 뵙게 되어 영광이고 혹시 다음에 시간이 된다면 꼭 만나 뵙고 싶습니다!

예전에는 '일 년이 지나면 어김없이 바뀌는 선생님이라는 존재에 아이들이 얼마나 큰 의미를 두겠어?'라고 생각했는데, 15년이라는 시간이 흘렀는데도 나의 사소한 말 한마디, 작은 행동까지도 세세하게 기억하고 있는 그 아이의 편지에 놀라지 않을 수 없었다.

처음으로 교단에 선 이후, 시간의 변화만큼 선생님을 대하는 아이들의 태도도 많이 달라졌고, 교사를 바라보는 사회의 시선도 많이 바뀌었다. 하지만 이 노래 가사처럼, 자기 삶에 있어 선생님을 특별한 존재로 추억해 주는 아이들이 있기에 교사로서 살아가는 힘을 얻는다.

〈내겐 특별한 선생님〉은 전체적으로 셔플 풍의 리듬으로 구성되어 있고, 저학년도 몇 번만 들으면 쉽게 따라 부를 수 있도록 쉬운 가락과 리듬으로 구성되어 있다. 다만, 넷째 단에 나오는 '사랑해요'의 경우, 아이들이 음정을 정확하게 잡기 어려운 경우가 많아, 따로 떼어 반복해서 연습하도록 하는 것이 좋다.

그리고 이 노래 가사는 아이들 편지를 보고 쓴 거라, 필자와 관련된 내용들이 많다. '멋진 미남은 아녀도', '흔한 게임도 몰라도'와 같은 부분은 아이들이 생각하는 선생님들의 이미지에 맞게 노래 가사를 바꿔 부른다면 훨씬 생동감 넘치는 노래 활동이 될 것이다.

또한, 여섯째 단의 '사랑해요' 부분은 처음엔 아래 성부를 부르다, 맨 마지막에 고음으로 구성된 높은 성부를 부르면 노래의 극적 분위기를 높이는 데 효과적이다.

내겐 특별한 선생님

구학초 아이들 편지, 이호재 곡

마음 따뜻한 선생님 별명도많은 선생님

내 겐특별한 선생님 사 랑해요

신 나게 기타를 튕기 며 좋은 노 — 래도 불러주시는
작은 우리들의실 수 는 웃음 하 — 나로 넘어가시는

선 생님이 좋아요 사 랑해요

멋 진미남은 아 녀도 흔 한게임도 몰라 도
때 론 자상한 얼굴로 때 론 무 서운 얼굴로

내 겐특별한 선생 님 사 — 랑해요
우 릴가르쳐 주시 는 나의선생 님

선생님은 좋겠다

5, 6학년 담임을 맡다 보면 의도하지 않게 하루에 전담 시간이 많이 몰려 있는 날이 있기 마련이다. 이 노래가 만들어진 2010년, 5학년을 맡았을 때도 그랬다. 그해 금요일은 공교롭게도 다섯 시간 중 총 세 시간이 전담 수업으로 채워진 날이었다. 물론 나머지 요일은 전담이 한 시간씩 있거나 아예 없는 날도 있어서, 하루 종일 눈코 뜰 새 없이 바빴다.

보통 아이들은 매일 담임 선생님과 이루어지는 비슷비슷한 방식의 수업에서 잠시 벗어날 수 있는 전담 수업을 그렇게 싫어하지는 않는데, 그해만큼은 사정이 조금 달랐다. 전담 수업을 위해 계단으로 이동해야 하는 거리가 너무 먼 것이었다. 2교시 음악 수업을 해야 하는 음악실은 5층 건물 맨 왼쪽에 있었고, 3교시 영어 수업을 해야 하는 영어 체험실은 1층의 가장 오른쪽에 있었다. 게다가 체육 수업을 하러 가기 전에도 4층에 있는 교실로 와서 책 등을 놔두고 운동장으로 나가야 하니, 계단을 오르내리는 아이들의 불편함은 이루 말할 수 없었다.

그날도 아이들이 1층에 있는 영어 체험실에서 헐레벌떡 교실로 올라와 책과 준비물을 놔두고 다시 운동장으로 내려가려는 순간, 우리 반 똑순이 해림이가 책상에 앉아 공문 처리를 하고 있던 나에게 부럽다는 듯 말을 건넸다.

"전담 시간만 되면 선생님이 너무 부러워요!"

"부럽긴, 뭐가 부럽니? 지금 선생님 정신없이 일하는 거 안 보이니?"

"그래도 우리처럼 몇 번이고 계단을 오르내리지 않아도 되잖아요! 정말 장딴지에 알이 배길 정도예요!"

"아이고, 가만히 앉아 공부만 하면 되는데 뭐가 힘드니? 게다가 운동도 할 수 있으니 일석이조지, 뭐!"

"치, 아무것도 모르시면서……."

그날 나와 아웅다웅 이야기를 나누던 해림이는 자신의 말에 좀처럼 공감해 주지 않고 살짝 놀리기까지 하는 선생님에게 많이 섭섭했던 모양이다. 나의 말 하나하나를 놓치지 않고 큰 따옴표로 그대로 옮기며 그날 있었던 일들을 자신의 일기에 사실적으로 담았으니 말이다. 게다가 이 노래 제목과도 똑같은 '선생님은 좋겠다'라는 다소 직설적인 제목을 달아 선생님에 대한 원망과 부러움을 자신의 일기에 구구절절하게 표현하고 있었다.

〈선생님은 좋겠다〉는 금요일만 되면 다섯 시간의 수업 중 무려 세 시간이나 든 전담 수업 때문에 1층부터 5층까지 오르내리던 5학년 아이들의 일상이 재미있게 담겨 있는 곡이다. 얼마나 힘들었으면 아이들이 가장 좋아하는 과목 중의 하나인 체육 수업도 가기 싫다고 생각했을까? 한편으로는 다소 능청스럽게 농담을 던지는 선생님이 얄밉기도 했을 텐데, 따뜻한 시선을 놓치지 않고 표현해 준 해림이의 마음이 무척 고맙기도 했다.

전담이 많이 든 날이나 이 교실, 저 교실로 이동을 많이 해야 하는 날에는, 이 노래를 함께 부르며 아이들의 피곤한 일상을 어루만져 주면 좋겠다는 생각을 잠시 가져 본다.

 이렇게 불러 봐요

〈선생님은 좋겠다〉의 첫째 단부터 둘째 단, 셋째 단부터 넷째 단은 금요일마다 반복되는 아이들의 일상을 수업 시간별로 표현한 부분으로 멜로디가 점차 상승하는 구조를 지니고 있으니, 거기에 맞게 노래도 조금씩 세게 부르다 맨 마지막 '영어 체험실로 향하네'나 '놀려대는 선생님' 부분에서 허탈한 듯 톤을 낮추어 부르면 훨씬 더 재미있는 분위기를 연출할 수 있을 것이다.

그리고, 다섯째 단과 여섯째 단은 모든 아이들이 함께 부르는 합창에 어울리는 구간으로 전반적으로 힘차게 부르면 되는데, 처음에 나오는 '선생님은 좋겠다'라는 부분은 정말 부러운 듯 다소 힘을 빼고 퉁명스럽게 부르고, 맨 마지막은 힘을 주어 강하게 악센트를 주어 부르면 노래 속에 담긴 아이의 심정을 효과적으로 살릴 수 있을 것이다.

마지막으로 '전담 시간 땜에 우린 바쁜데'라는 가사엔 쉴 수 있는 구간이 없으므로 그전에 호흡을 충분히 모아야 하고, 2절 후 후렴구가 반복될 때는 한음 높게 전조가 이루어지니 이 점에 유의해서 부르는 게 좋다.

선생님은 좋겠다

정해림 글, 이호재 곡

2 교시리—코더 들 고   음 악실갔—다— 오 면

3 교시쉴—틈도 없 이 영 어 체 험실로향하네 —

4 교시기다리던 체 육 도   하 나도반갑지가 않 아

바 쁘게움직이는 날 보며 놀 려 대 는 선—생 님 —

선 생 님은좋겠 다 —   수 업없어좋—겠 다
안 걸어서좋—겠 다

전 담시간 땜에우린 바 쁜 데 선 생 님은좋—겠 다 —
금 요일만되면우린 힘 든 데 선 생 님은좋—겠 다 —

무작정 시작해 보는 가사 창작

1. 동요 창작에 대한 몇 가지 오해

구 분	창작에 대한 오해	오해에 대한 생각
오해 1	노래 창작은 전문적인 음악 기능이 있어야만 가능한 일이다.	노래 창작을 단순히 곡조를 듣고 악보를 그리는 채보 능력과 연결 짓는 경우가 많은데, 사실 곡을 채보하지 못하는 작곡자들도 많다. 요즘에는 작곡을 원활하게 하도록 도와주는 쉽고 간편한 음악 프로그램이 많이 나와 있으니, 이를 활용하면 보다 손쉽게 노래 창작을 할 수 있다.
오해 2	내가 만든 곡이 다른 곡과 아주 비슷한 것 같다.	무의식적으로 자신이 좋아하던 노래의 영향을 받을 수밖에 없고, 음악을 주된 직업으로 삼을 게 아니라면 크게 걱정할 필요는 없다. 보통 주요 동기가 동일하거나 유사한 경우를 표절로 보는데, 형식적 잣대보다는 창작자의 양심이 표절의 중요한 기준이 되어야 한다.
오해 3	창작한 노래들을 아이들이 많이 불러 줄까?	노래에 있어 아이들의 마음을 사로잡는 요소는 가락보다도 가사일 때가 많다. 그래서 동요 창작을 할 때에는 가락의 유창성보다는 가사의 진실성과 상상력을 높이는 데 더 많은 노력을 기울여야 한다.

2. 노래의 소재 찾기

노래 만들기에 있어 가장 중요한 것은 '무엇을 노래로 만들 것인가?' 하는 노래의 소재를 찾는 일이다. 가사의 주된 흐름을 좌우하는 좋은 소재를 찾기 위해서는 생활 속 자기만의 경험이나 생각, 느낌 등을 실감 나게 잡아내는 것이 무엇보다도 중요하다.

노래의 소재라고 해서 잘 짜인 각본처럼 거창한 것이어야 한다는 강박관념은 버리자. 아이들이 무심코 내뱉는 말이나 행동, 거칠게 써 내려간 일기, 수업 활동이나 학급 행사 때 있었던 재미난 일 등 교사가 지속적으로 아이들의 삶에 관심을 가진다면 그 소재는 어디서든 쉽게 찾을 수 있다.

노래의 소재	노래의 예
학교에서 일어난 재미있는 사건	〈오늘도 또〉, 〈체육 시간〉, 〈화장실아 네가 그립다〉
아이들의 일기 글	〈그러면 안 되는데〉, 〈귀신 이야기〉, 〈자리 바꾸기〉
아이들과의 대화	〈우리가 만드는 빼빼로데이〉
가족 간에 있었던 경험이나 사건 수업 때 나온 말이나 결과물	〈실내화 빨기〉, 〈아빠의 발 냄새〉, 〈나도 할 말이 있어요〉 〈그런 날이 온다면〉, 〈우리말이 좋아요〉
아이들의 편지글	〈내겐 특별한 선생님〉, 〈일 년이 지나고 겨울이 오면〉
자연의 소중함에 대한 글	〈낙엽〉, 〈경운기〉, 〈환경 행진곡〉

3. 전체적인 구성을 미리 생각한다.

노래 창작은 그림과 유사한 점이 많다. 그림을 그릴 때 밑그림을 완성한 후에 시작하듯이 노래도 전체 구성을 미리 생각해 두고 이에 맞게 작업을 진행해 나가야 한다. 전체 구성이 없이 만든 노래는 목적에 충실할 수도 없으며 완성한 후에도 어딘지 모르게 어색한 노래가 되기 쉽다.

4. 가사 창작의 실제

노래에 있어 주제를 드러내는 가장 중요한 요소라 할 수 있는 가사는 그 특성상 많은 한계를 지니고 있다. 우선 주어진 리듬에 맞아야 하니 길이가 한정되어 있고, 노래의 분위기나 형식과도 일치해야 한다는 점이다. 이러한 한계를 극복하기 위해서는 가사 창작 때 자주 활용되는 몇 가지 형식을 기억해 두고, 일상생활에서 쏟아지는 소재들과 자주 연결 지어 보는 것이 좋다.

1) 가사의 창작 시 고려해야 할 점
• 좋은 가사는 함축적인 동시에 구체적이어야 한다.
• 하고 싶은 말을 돌리지 말고, 있는 그대로 진솔하게 표현해야 한다.
• 가사는 곡에 맞게, 곡은 가사에 맞게 상호보완적이어야 한다.
• 가사 창작을 할 때 전체적인 멜로디 구성도 함께 고민해야 한다.
• 아름다운 말로 꾸며 쓰는 것보다는 일상적 언어를 사용해야 한다.
• 상투적 언어를 반복적으로 사용하는 것은 노래를 지루하게 만든다.

• 창작된 가사는 항상 주위 사람들과 공유하여 수정의 단계를 거친다.

2) 가사 진행에 따른 다양한 창작 방식

창작 방식	주요 내용
가사가 일정한 줄거리를 가지고 진행되는 방식	노래 가사 자체가 일정한 스토리를 가지고 있는 경우로, 아이들의 일기 글로 만든 노래가 대부분 해당된다.
시간, 공간, 화자에 따라 진행되는 방식	시간의 흐름이나 공간의 이동, 화자가 바라보는 관점에 따라 가사가 전개되는 방식으로, 주로 2절 이상의 노래에서 자주 발견되는 형태이다.
이미지 변화로 진행되는 방식	마치 사진을 찍듯 이미지의 전환으로 노래 가사가 만들어진 경우이다. 직접 눈으로 본 풍경이나 장면이 묘사된 노래에 적합하며, 스토리보다는 떠오르는 시각적 이미지에 주목한다.
상황의 반복적인 나열로 진행되는 방식	〈한국을 빛낸 100명의 위인들〉과 같이 비슷한 가사 형식이 반복되는 형태를 지니고 있는 경우이다. 단순한 상황이나 객관적 사실을 전달하려는 노래에 적합하다.

5. 다양한 가사 형태에 따른 노래 창작의 예

1) 일정한 줄거리를 가지고 있는 형태

체육 시간

김종익 글, 이호재 곡

체육 시간이다 체육 시간이다 재미있는 놀이 할까 생각했는데

기대했었는데 기대했었는데 친구들과 장난치다 걸렸네

하필이면 오늘따라 축구하는 시간 신나게 뛰어놀며 놀리는 친구

스탠드에 혼자 앉아 벌을 서고 있는 내 마음은 약 올라서 죽겠네

이게 뭐야 정말 이게 뭐야 정말 기다렸던 체육 시간 엉망이 되고

시간아 빨리 가 시간아 빨리 가 시간이 빨리 갔음 좋겠네

2) 시간, 공간, 화자의 변화에 따라 가사가 전개되는 방식

구 분	화자의 변화	노래 제목 : 〈이해가 안 돼〉 (화자의 변화)
1 절	1학년 입장	내가 시소 탈 때면 어디선가 나타나 (비켜라) 고함치는 2학년 형들 2학년이면 다냐 새치기는 왜 하니 이런 형들 정말 싫어요
2 절	2학년 입장	내가 얼음땡 할 때 지가 부딪혀 놓곤 (왜 때리노) 반말하는 1학년 애들 1학년이면 다냐 반–말은 왜 하니 그런 동생 정말 싫어요

3) 이미지 변화로 가사가 진행되는 방식의 예

〈바닷가에서〉	〈노을〉
해당화가 곱게 핀 바닷가에서 나 혼자 걷노라면 수평선 멀리 갈매기 한두 쌍이 가물거리네 물결마저 잔잔한 바닷가에서	바람이 머물다 간 들판에 모락모락 피어나는 저녁연기 색동옷 갈아입은 가을 언덕에 빨갛게 노을이 타고 있어요

4) 상황의 반복적인 나열로 진행되는 방식

어디일까요

이호재 글, 곡

친구들과 놀다 다쳤을 땐 (보건실) 점심시간 밥을 먹을 때는 (급식실)

책을 읽거나 빌릴 때는 (도서관) 교감 선생님이 계시는 곳 (교무실)

실내에서 운동하는 곳은 (강당) 점심시간 밥을 먹을 때는 (급식실)

교장 선생님을 만나려면 (교장실) 쉬는 시간 놀이 기구 탈 땐 (놀이터)

늘 푸른 사계절 노래 이야기

6월

평화로운 세상

6월은 한국전쟁, 6.15 공동선언 등 분단의 아픔과 통일의 필요성을
느낄 수 있는 역사적 사건이 있는 달인 만큼, 통일에 대한 생각 및
평화의 소중함을 아이들과 함께 나눠 보면 좋을 것이다.

통일에 대한 아이들의 바람을 담은

그런 날이 온다면

"선생님, 통일 되면 북한 친구들과 비무장지대에서 축구 한판 하고 싶어요!"

"저는 백두산과 금강산을 여행하고 싶어요!"

"북한 친구들을 만나 북한 말을 배워 보고 싶어요!"

이 노래를 만들었을 무렵, 4학년 아이들이 보편적으로 가지고 있는 통일에 대한 생각을 알아보려고, '북한 친구들을 만나 가장 하고 싶은 일'이라는 주제로 설문 조사를 한 적이 있었다. 자신의 의견을 하나씩 이야기하고 곧바로 손을 들어 설문 조사를 실시했는데, 북한 친구들과 축구 한판 하고 싶다는 아이들이 가장 많았다. 2002년 한일 월드컵이 얼마 지나지 않은 시기라 축구가 가장 많은 표를 얻은 건 당연한 결과일지 모르나, 비무장지대를 넓은 잔디 구장으로 여기는 아이들의 순수함에 흐뭇한 미

78

소가 지어졌다.

이 설문 조사를 하면서 느꼈던 것은 통일에 대한 아이들의 생각은 어른들의 그것보다 훨씬 소박하고 꾸밈이 없다는 점이었다. 그 속에서 어른들의 말처럼 저마다의 목적으로 보기 좋게 치장한 사회적 이념이나 당위적인 생각은 찾을 수 없었다. 단지, 자신이 좋아하는 가장 가까운 곳에서부터 서로의 공통점을 찾아 나가려는 아이들만의 때 묻지 않은 순박함이 담겨 있을 뿐이었다.

〈그런 날이 온다면〉은 남녘의 아이들이 북녘의 아이들을 만나 함께 만들어 가고픈 세상을 담은 노래이다. 1절에서는 통일이 되면 아이들이 하고 싶은 일을 그대로 담았고, 2절에서는 궁극적으로 평화를 갈망하는 간절한 바람을 개성 넘치는 가사로 진술하게 표현하고 있다. 전쟁을 경험한 적도 없고, 여전히 북한 사회에 대한 부정적인 시각이 많은 아이들에게 통일교육을 한다는 게 다소 부담스러운 일이었지만, 다 함께 이 노래를 신나게 부르고 난 뒤 이야기를 나누다 보니 아이들의 막연한 적대감이나 부정적인 시각이 많이 엷어져 있다는 것을 어렵지 않게 알 수 있었다.

이 노래는 원곡보다는 강원도 홍천에서 근무하시는 한승모 선생님이 편곡하고 녹음해 주신 아카펠라 버전이 더욱 유명하다. 많은 선생님이 아이들과 함께 제작하여 유튜브에 공유해 주신 동영상 노래방도 대부분 아카펠라 버전으로 만든 것이고, 나도 여러 선생님께 이 노래를 소개할 일이 있으면, 꼭 아카펠라 버전을 들려 드린다. 아마도 서로 다른 목소리로 부족한 부분을 채워 주며, 따뜻한 하모니를 이루는 '아카펠라'라는 음악이 평화를 열망하는 이 노래의 분위기와 잘 어울리기 때문일 것이다.

이렇듯, 많은 선생님이 아이들과 함께 불러 주셨기 때문일까? 이 노래는 2017년 서울시립미술관에서 주최한 〈통일미술展〉과 더불어 실시한 통일 노래 공모전에서 상을 받는 영광을 얻기도 했다. 이때 〈그런 날이 온다면〉의 멜로디를 활용하여 강진모 작가님이 만든 한반도 모양의 소리 조각이 서울시립미술관에 전시되기도 했는데, 노래를 배우기 전, 유튜브에서 이 작품을 감상해 보는 것도 노래의 의미를 나누는 데 많은 도움이 될 것이다. (https://youtu.be/bPiWlRvUDqk)

분단의 아픔을 고스란히 간직한 6월, 상대방의 잘못을 비난하고 헐뜯는 교육이 아니라, 서로의 차이를 인정하고 평화를 간절히 열망하는 노래를 불러야 할 때이다. 때로는 수천 마디의 거창한 말보다도 아이들의 마음을 울리는 노래 하나가 자그마한 파문이 되어 아이들의 얼어붙었던 마음을 움직일 수 있을 테니 말이다.

 이렇게 불러 봐요

〈그런 날이 온다면〉은 아이들이 부르기에 다소 부담스러울 정도로 음폭이 다소 심한 편이다. 정확하게 말하자면, '그런 날이 온다면'이나 '만나 뛰놀고 싶네' 부분의 첫음이 지나치게 낮은 편인데, 교사의 시범창이나 악기를 통해 정확한 음을 짚어 준 후에 노래를 부르는 것이 좋다. 아니면, 그 첫 음을 '솔'에서 '레'로 바꿔 불러도 무방할 것이다. (실제로 이 곡이 수록된 6학년 비상 음악 교과서에는 이렇게 편곡되어 수록되어 있다.)
그리고 이 노래의 셋째 단은 한 마디의 리듬이 반복되며 한 음씩 하강하는 구조로 이루어져 있으니, 이 점을 아이들에게 미리 일러 준다면, 노래를 익히는 데 많은 도움이 될 것이다.
마지막으로 4분 음표가 세 번 연달아 나오는 '온다면'이나 '버리고', '좋겠네'는 통통 팅기듯 가볍게 끊어 부르면 노래의 생동감을 높이는 데 많은 도움을 줄 것이다.

그런 날이 온다면

이호재 글, 곡

남과 북이 하나되는— 그런 날이 정말 온 다 면

보 고 싶 은 북녘친 구— 만 나 뛰 놀고 싶 네

우 릴 가로막은 녹 슨 철조망을 하 나 둘 씩걷어 버 리 고
서 로 를 겨누던 낡 은 총 —칼은 하 얀 엿 을바꿔먹 — 고

비 무 장 지대를 맘 껏 달 리 며 축 구 한 판하 면 좋 겠 네
전 쟁 없 는 세 상 함 께 만 들 어 평 화 의 노래를 부 르 자

우 리 민 족 하 나되 는— 그 런 날 이 정 말 온 다 면

재 미 있 는 북 한말 도— 만 나 배 워야 겠 네
백 두 산 에 올 라서서— 어 깨 춤 을춰야 지

오늘도 또

많은 선생님이 학교생활을 하며 가장 자주 부딪히는 문제 중의 하나가 바로 아이들의 싸움에 관련된 것이다. 20평도 채 되지 않는 좁은 교실 속에서 개성이 서로 다른 20명이 넘는 아이들이 부대끼며 생활하다 보면, 크고 작은 다툼이 끊임없이 생길 수밖에 없다.

하지만, 교사 입장에서는 하루도 조용한 날 없이 서로에 대한 불만을 잔뜩 쏟아내는 아이들에게 공평하고 한결같은 조정자로 선다는 것이 여간 곤혹스러운 일이 아니다. 이 노래 간주에 나오는 대화에서도 알 수 있듯이 아이들 싸움의 이유는 '모순'의 창과 방패처럼 상대방이 먼저 때렸거나 상대방이 먼저 욕을 해서 싸우게 되었다고 말하는 경우가 대부분이라, 누구 하나만 나무랄 수도 없다. 〈오늘도 또〉는 친구들의 싸움을 지켜

보며 느낀 안타까움을 진솔하게 담은 '재우'의 일기를 보고 만든 곡이다. 이 노래가 탄생하게 된 배경을 살펴보면 15년 전, 내가 4학년을 맡았을 때로 거슬러 올라간다. 아이들이 잠시 과제를 하는 사이, 다음 시간에 사용할 학습지를 복사하러 교무실에 내려간 적이 있었다. 그 사이 무슨 일 때문인지는 정확하게 기억나지 않지만, 우리 반에서 덩치가 가장 작았던 두 아이가 서로 싸우는 일이 발생했다. 우리 반에서 키가 가장 크고, 덩치도 남달랐던 재우가 두 아이의 싸움을 지켜보며 '쟤네들 또 시작했구나!' 라며 가볍게 넘기려는 순간, 불현듯 그 아이의 머리를 스치고 지나가는 걱정이 하나 있었다. 그것은 싸우는 친구들에 대한 걱정과 안타까움보다도, 바로 담임이었던 내가 이 장면을 목격했을 때 쉬는 시간까지 이어질 게 뻔한 지겨운 잔소리에 대한 걱정이었다. 사실 지금의 나라면 싸운 아이들만 따로 불러 조용히 이야기했을 텐데, 그때에는 왜 아이들 모두를 앉혀 놓고 일장 연설을 펼쳐 놓았는지 잘 모르겠다. 이러한 재우의 안타까운 걱정은 '선생님의 화난 얼굴, 오늘도 또 보겠네.'라는 맨 마지막 부분의 노래 가사에 잘 나타나 있다. 한 가지 재미있는 사실은 유튜브에 공개된 음원을 녹음한 아이가 바로 그때 싸운 장본인 중 한 명이라는 것이다. 노래를 부른 '종익'이란 아이는 워낙 활발한 데다 장난이 심해서 평소 나를 다소 힘들게(?) 만든 장본인이기도 하지만, 이 노래를 탄생시킨 일등 공신이기도 하다.

이 노래를 처음 만들었을 때에는, 첫 가사의 '개똥이'와 '금동이'가 아닌 싸움을 벌였던 두 아이의 실명을 넣어 만들었는데, 그다지 좋지 않은 일에 아이들의 이름이 등장하는 것이 마음에 걸려 가사를 아이들이 재미있어할 만한 가명으로 수정한 것이다. 이 노래가 만들어진 이후로 나는 아이들의 크고 작은 싸움이 있을 때마다 〈오늘도 또〉를 아이들과 즐겨 부른다. 금방이라도 서로를 잡아먹을 듯 으르렁대던 아이들도 이 노래를 부르는 사이, 서로에 대한 분노와 미움이 어느새 조금씩 엷어지는 것을 발견할 수 있기 때문이다. 학급에서 일어난 사소한 싸움으로 인해 멀어지고 소원해진 아이들 간의 관계를 회복하고자 한다면, 여러 선생님께 이 노래를 추천 드리고 싶다. 노래는 아이들의 얼었던 마음을 훈훈하게 하고, 아이들끼리 끈끈하게 연결해 주는 가장 강력한 도구가 되기 때문이다.

 ## 이렇게 불러 봐요

〈오늘도 또〉는 전체적으로 첫째 단, 둘째 단이 다섯째 단과 여섯째 단에서 반복되는 A-B-A의 구조를 지니고 있다. 그래서 첫 부분의 음정과 리듬을 정확하게 익히면, 노래 전체를 배우는 데 큰 어려움이 없다.

이 노래는 대체로 반박이나 반 박자 반을 쉬고 들어가는 마디가 많은데, 아무래도 정박에 노래가 시작되는 구조가 아니다 보니 이 부분을 헷갈리는 아이들이 많다. 따라서 사전에 손뼉을 치며 리듬 연습을 하는 것이 좋다. 그리고 이 노래의 가장 높은 음에 해당하는 '싸움을 말리는 내 마음이'를 부를 때 제대로 음정을 내지 않고 흘려 부르는 경우가 많으니, 이 부분을 부르기 전에는 반드시 숨을 쉰 다음, 부드럽게 연결해 부를 수 있도록 지도해야 한다.

맨 마지막의 '오늘도 또 보겠네' 부분을 여러 번 반복하며 점점 여리게 부르거나, 간주 때 나오는 아이들의 대화를 역할극처럼 꾸며 보는 것도 노래의 재미를 살리는 좋은 방법이다.

오늘도 또

주재우 글, 이호재 곡

어른들의 싸움을 아이들의 눈으로 그린

그러면 안 되는데

아이들과 함께 부를 노래를 만들 때 가장 중요하게 생각하는 건 계속 강조하듯, 노래 속에 아이들의 때 묻지 않은 생각이 그대로 담겨 있어야 한다는 것이다. 어떻게 보면 가락이나 선율의 아름다움은 그다음 문제이다. 그래서 나는, 동요를 만들 때 대부분 아이들이 쓴 글을 그대로 활용하거나 아이들과 나눈 대화 속에서 소재를 찾아 가사를 쓰는 편이다.

이러한 나만의 원칙을 지켜 나가기가 어려울 때가 있었는데, 그건 바로 담임이 아닌 음악 전담을 맡았을 때이다. 학교의 사정상 어쩔 수 없이 전담을 맡았을 때는 아이들과 부대끼며 생활하거나 교재 연구를 하는 시간이 줄어들면서 상대적으로 노래 작업에 쏟을 시간적 여유가 많아졌다. 하지만, 노래의 소재를 구하거나 만들 동기가 줄어드는, 다소 아이러니한 상황이 연출되곤 했다.

'아이들의 살아 있는 글, 노래로 만들어 드립니다.'

음악 전담을 맡았던 10여 년 전, 초등 교사가 가장 많이 접속하는 사이트인 '인디스쿨'에 무슨 자신감으로 저런 제목의 글을 올렸는지 그때의 상황과 감정이 정확하게 기억나지는 않는다. 다만, 지금 생각해 봐도 놀라운 것은, 어찌 보면 황당할 수 있는 저런 제목의 글에 메시지나 답장을 주신 선생님들이 꽤 많이 계셨다는 점이다. 아이들에게 이미 동의를 얻었다며 수업 시간마다 정성스럽게 쓴 시와 일기를 모아 놓은 홈페이지 주소를 알려 주시고는, 얼마든지 활용해도 좋다고 허락하신 경기도의 박준형 선생님도 그중 한 분이셨다. 이런 과정을 통해 탄생하게 된 노래가 〈실내화 빨기〉와 〈그러면 안 되는데〉이다.

〈그러면 안 되는데〉는 아이들의 솔직한 생각이 담긴 재미있는 가사를 찾아 헤매던 한 젊은 교사의 부탁을 가벼이 넘기지 않고, 신경 써서 아이들 글을 보내 주신 여러 선생님들의 따뜻한 관심으로 만들어진 곡이다. 특히 지역을 뛰어넘어 아이들의 삶의 이야기와 목소리를 함께 공유하고 나누는 과정은 나에게도 큰 보탬이 되었고, 자신의 글이 노래가 되는 과정을 경험한 그 아이에게도 오랫동안 잊혀지지 않는 값진 선물이 되었을 것이다.

이 노래는 총 3절로 구성되어 있는데, 1절과 2절에서는 횡단보도 앞에서 한 아이가 목격한 어른들의 불썽사나운 모습이 목격한 순서대로 사실적으로 묘사되어 있고, 3절에서는 정작 본인들은 지키지 않으면서 아이들에게만 지키길 강요하고 혼내는 어른들의 모습을 신랄하게 꼬집고 있다. 후렴구에서는 모두 진정하라는 의미로 '워워'라는 허밍을 반복적으로 사용하고 있어 노래를 부르는 재미를 더해 주고 있다.

어른들은 아이들의 거울이 되어야 한다. 반대로 아이들의 따끔한 지적을 들으며 자신의 모습을 되돌아볼 수도 있어야 한다. '넌 아이니까 이걸 하면 안 되고, 난 어른이니까 해도 돼!'라는 식의 설교는 더 이상 아이들의 마음을 움직이기 힘들다. 얼굴 한 번 본 적 없고 짧은 인사 한 번 나눠 본 적이 없지만, 이 노래의 가사를 써 준 '지인'이란 아이는 나에게 이런 가르침을 준 고마운 아이다. 단지 메시지로 몇 번 대화를 주고받은 것이 전부인데, 아이들과 가꾼 소중한 결과물을 쓰도록 허락해 준 박준형 선생님, 그리고 노래에 대한 영감과 부끄러움을 동시에 안겨다 준 지인이에게 이 기회를 빌려 감사의 마음을 전한다.

 ## 이렇게 불러 봐요

〈그러면 안 되는데〉를 불러 보면 알겠지만, 아이가 글로 남긴 표현을 그대로 살리려다 보니, 의도치 않게 의미 단락이 끊어지는 부분을 바쁘게 연결해 불러야 하는 부분이 있다. 첫째 단의 '어떤 아줌마가 무단 횡단하셨네.'라는 부분의 리듬이 그러한데, '횡단보도에서'라는 가사 다음, 반드시 숨을 쉬어 호흡을 충분히 확보한 뒤 노래를 부르도록 해야 뒤에 나오는 가사들을 자연스럽게 소화할 수 있다.

셋째 단과 넷째 단의 후렴구 가사인 '워워'는 아이의 답답한 마음을 우회적으로 표현한 의성어이다. 가사의 반복으로 운율을 느끼게 하고 노래의 재미를 더하기 위해 삽입한 가사로 첫 번째 마디에선 가볍게 이어 부르다, 점 4분 음표로 이루어진 두 번째 마디에선 튕겨 주듯 다소 강하게 부르는 것이 좋다.

또한 '워워'라는 가사는 야유와 비난의 의미가 아닌 자제와 진정의 의미라는 걸, 아이들에게 한번 짚어 주는 것도 노래의 의미를 정확하게 나누는 데 도움이 될 것이다.

그러면 안 되는데

정지인 글, 이호재 곡

횡단보도에서 어 —떤아줌마가무단 횡 단 하—셨네 —
신호기다리는 사 —람들속에서고함 치 는 할아버지 —
욕을하면안돼 고 —함치면안돼무단 횡 단 하면안돼 —

옆에서계시던 어 —떤할아버지심한 욕 을 하 시네 — 워
찡그린얼굴로 침 —을뱉으면서뛰어 가 는 아 줌마 —
우리들에게만 안 —된다고하면이상 하 지않 나요 —

워 —우워 워 — 그 러면안되는 데 — 워

워 —우워 워 — 그 러면안되는 데 —

따돌림을 당하는 아이들의 절절한 외침

그런 눈으로

몇 달 전, 1학년 꼬마들의 속상한 이야기를 들어 주고 있었던 쉬는 시간, 학교 내선 전화로 관내 경찰서에서 전화가 걸려 왔다. 순간 '내가 뭘 잘못했지?'라는 생각이 머리를 스치면서 받은 전화기 너머로, 학교폭력 업무를 전담하고 있는 경찰 한 분이 학교폭력 관련 노래를 만들어 줄 수 있냐고 대뜸 물어보는 것이다. 여러 분들의 추천을 받았다고 나를 추켜세우는 말도 빼놓지 않으시며 재능 기부를 해 달라고 완곡하게 부탁하셨다. 1학년 아이들을 돌봐야 하는 시간이라 길게 통화를 하지 못하니, 오후에 다시 통화하자고 말하고 전화를 끊었다.

그날 오후, 1학년 아이들을 집에 돌려보내고, 그 경찰관의 제안을 곰곰이 곱씹어 보니 개운치 않은 부분이 많았다. 그래서 다시 연락이 왔을 때 그 경찰관의 부탁을 완곡하게 거절했다. 물론 그동안 만든 노래 중 따돌림이나 친구 관계에 관련된 노래가 여러 곡 있어 그중 가장 적합한 노래를 골라 살짝 다듬기만 하면 간단히 끝날 수도 있는 작업이었지만, 노래가 주는 긍정적인 힘과는 별개로 노래 하나를 만드는 일이 그냥 얼렁뚱

90

땅하면 되는 일이라 생각하는 것 자체가 마음에 들지 않았다.

내가 만약 그 경찰관의 입장이라면 재능 기부라는 말을 강조해서 말하지는 않았을 것이다. 이 사업이 왜 중요하고 학교에 어떤 도움을 줄 수 있는지, 선생님의 노래를 어떻게 학교 현장에 보급시키고 유의미하게 활용할 수 있도록 만들지 먼저 그 방안에 대해 상세하게 설명했어야 하지 않을까? 또한 어떤 사업을 하는데 '재능 기부'라는 이름으로 예산 자체를 반영해 놓지 않았다는 것은 의지가 별로 없다는 것이고, 무엇보다 나의 노래가 다른 기관의 실적 쌓기 용도로 활용되는 것이 싫었다.

궁극적으로 내가 예술가는 아니지만, '재능은 기부하는 것이 아니라, 재능을 통해 번 돈으로 기부하도록 만드는 것이 모두를 위한 일'이라는 어느 예술가의 구구절절한 외침을 나부터 실천하고 싶었다.

그 순간, 약 15년 전 '학교폭력'이라는 말이 막 심각한 사회문제로 떠오르던 시절, 아이들과 이 문제에 대해 함께 이야기를 나누기 위해 만들었던 노래가 하나가 떠올랐는데 그 노래가 바로 〈그런 눈으로〉이다.

그 당시, 우리 반에는 말도 다소 어눌하고, 튀는 행동과 투박스럽게 생긴 외모 때문에 소위 '은따'를 당하고 있는 아이가 한 명 있었다. 이 문제를 어떻게 풀어야 할까 고민하고 있을 때쯤, 그 아이가 며칠 결석할 일이 생겼고, 반 아이들과 이런저런 활동을 하며 '따돌림' 문제에 대해 이야기를 나눈 적이 있었다. 그때 아이들과 함께 나눈 활동 중에 직접 왕따가 된 기분을 한 줄 글로 표현해 보는 활동이 있었는데, 전체적인 분위기를 잘 잡아서 그런지 한 줄 글 속에 아이들의 진솔한 마음들이 잘 담겨 있었다.

'어두운 숲속을 혼자서 걷는 기분이에요!'

'제가 바라는 건, 함께 웃을 수 있는 기쁨이에요!'

아이들이 쓴 글을 하나하나 발표하게 했고, 진심은 통할 거라는 믿음으로 따돌림을 당하는 그 아이의 이름을 직접적으로 언급하며 우리 반 ○○이의 심정이 어떨지 생각해 보게 했다. 물론 지금은 그때와 사회적 분위기나 교실 상황이 많이 바뀌었고, 자칫 엉뚱한 방향으로 흐를 수 있으니 직접적으로 아이를 언급하는 것은 위험한 방법일 수 있다.

아이들의 미안한 마음이 무르익었을 때 더욱 현실감 있게 전달될 듯해, 다소 무리가 가는 작업이었지만, 아이들이 조각조각 표현한 글들을 모아 그날 저녁 곧바로 노래로 만들었고, 그 다음 날 아이들과 함께 이 노래를 배웠다. 그리고 며칠 뒤 따돌림을 당하던 아이가 돌아왔을 때, 우리 반 아이들의 태도는 신기할 정도로 달라졌다. 근처에도 잘 가지 않던 아이들이 말도 잘 걸고 함께 놀자고 권유하는 모습에, 진심을 담은 노래 하나가 아이들에게 주는 힘을 다시 한번 실감했다.

〈그런 눈으로〉는 따돌림을 당하는 아이가 반 친구에게 보내는 희망의 편지이자 부탁이다. '노래'라는 희망의 바람을 통해 그 절절한 외침이 아이들의 가슴속에 따뜻하게 뿌리내릴 수 있기를 기대해 본다.

이렇게 불러 봐요

〈그런 눈으로〉는 가사 한 줄과 한 줄 사이의 쉬는 구간이 꽤 긴 노래이다. 그래서 '마세요'의 '요'나 '기쁨이죠'의 '죠'와 같이 음을 길게 빼야 하는 가사는 악보와 똑같은 리듬으로 부르는 것보다는 아이의 호흡에 맞게 적당하게 끊어 부르는 것이 좋다.

그리고 따돌림을 당하고 있는 친구의 마음을 절실하게 담다 보니 다섯째 단에서 여덟째 단의 음폭이 다소 심한 경향이 있다. 특히 고음역에 해당하는 '그건 어두운 숲 속을 혼자서 걷는 기분'이나 '나의 마음 들어줄 친구 하나 없나요' 부분에서는 충분한 호흡을 모아 한 번에 소리를 낼 수 있도록 충분한 연습이 필요하다.

또한 고학년에 맞도록 제작한 노래라 선율의 세련미를 높이기 위해 '소중한사랑'과 같이 반음을 사용한 부분이 많으니, 그 부분은 노래를 부르기 전 충분히 음을 짚어 주며 연습한 후 아이들과 부르는 것이 좋다.

그런 눈으로

이호재 글, 곡

그런 눈으로 나를바라보지 마세요 — — 그런

말 들로 나를욕 하지도 마세요 — — 내 가

원 하는 것은 — 작 지만 소 중한 사 랑 — 함 께

웃 을수 있 는 — 기 쁨이죠 — — 외 로

움 이란 말이 — 어떤 것인줄 아 나요 — 그 건

어 두운 숲속을 혼 자서 —걷는 기 분 — — 정 답

게 얘기 하는 — 　많은 사 람들 중에 — 　나

의 마음 들어줄 친구하나 없나요 — 　—

그 런 눈 — 으로 나를 　차갑게 바 라 보 — 지 — 마 세 요

그 런 말 — 들로 나를 　욕하지 도 　마 — 세 요 —

노래 활동 TIP

아이들에게 좋은 노래란?

1. 아이들의 삶과 생각을 솔직하게 담고 있는 노래

기존의 창작 동요가 대다수의 아이들에게 멀어지게 된 가장 큰 이유는 아이들의 진솔한 삶을 담아내는 데 주목하기보다는 어른들이 심어 주려는 생각을 지나치게 강조하고 있어서이다. 어떤 예술 형태이든 마찬가지겠지만, '공감'과 '솔직함'은 노래를 선택하는 데 빼놓지 말아야 할 중요한 요소이다.

2. 삶의 가치를 빤하지 않은 말로 감동적으로 담은 노래

우리가 당연히 추구해야 할 삶의 가치를 담고 있는 노래라 해서 무조건 아이들이 싫어하는 것은 아니다. 중요한 것은 그 가치를 아이들의 시각으로 어떻게 풀어내느냐이다. '~해라!'나 '~해야 한다.'라는 식의 당위적인 말들로 채워진 노래보다는, 아이들의 경험을 바탕으로 그들의 일상적인 말로 표현된 노래가 더 큰 감동과 울림을 줄 수 있다.

3. 몇 번 들으면 바로 따라 부를 수 있는 노래

요즘, 학교가 너무 바빠져 일주일에 한 곡 정도 노래를 배우는 일도 쉽지 않은 상황인데, 노래의 세련미를 지나치게 강조하다, 생소한 화성을 사용하거나 리듬이 복잡하여 대다수의 아이들이 짧은 시간에 배우기 힘든 노래가 많아졌다. 합창 대회에 나갈 게 아니라면, 아이들과 일상적으로 부르는 노래들은 비교적 간결하고 쉬운 선율로 구성된 노래를 함께 나누는 것이 좋다.

4. 부르면 부를수록 좋은 노래

다른 말로 '중독성'이 강한 노래라 할 수 있다. 노래를 배운 이후, 특정 부분의 가사나 멜로디를 계속 흥얼거리면서 반복해서 부르자고 조른다면, 그 노래는 이미 아이들의 마음은 얻은 셈이다. 또한 처음엔 익숙하지 않았으나 노래를 부를수록 가사와 멜로디의 어울림이 색다른 즐거움을 주는 노래도 이에 해당한다.

5. 함께 부르면 더욱 즐겁고 행복한 노래

혼자 부를 때도 노래는 사람들에게 커다란 위안과 행복을 주지만, 함께 부르는 노래의 힘에 비할 바는 아니다. 사람들의 목소리를 더할수록 더 크고 단단한 울림을 주는 노래는 부르는 이로 하여금 가슴 벅찬 희열마저 느끼게 한다. 노래 가사에 학급 공동체의 건강한 바람과 서로에 대한 따뜻한 정이 담겨 있다면 더할 나위 없을 것이다.

7월

늘 푸른 사계절 노래 이야기

자연과 하나 되어

여름이 되면, 자연 속에서 생활할 일이 많아지고
에어컨 사용이 늘어나는 시기인 만큼, 아이들과 환경오염의 문제점과
자연의 소중함을 느낄 수 있는 노래들로 구성해 보았다.

자연을 생각하는 아름다운 선언

환경 행진곡

한창 무더위가 기승을 부리기 시작하던 2005년 7월의 어느 날이었다. 1교시가 시작될 무렵, 한 아이가 자꾸만 어디선가 똥 냄새가 난다고 인상을 찌푸리며 투덜대기 시작했다. 처음엔 단순히 '누가 방귀라도 뀌었나?' 라고 대수롭지 않게 생각했는데, 그 아이 주변에 가니 정말로 코를 찌르는 지독한 냄새가 나는 것이었다. 여기저기서 킥킥대며 웃는 아이들의 모습을 보며 이 상태로는 수업을 진행하기 힘들다고 판단되어 그 냄새의 정체를 밝히기 위해 아이들과 함께 온 교실을 뒤졌다. 주변에 앉은 아이들 가까이 다가가 살며시 냄새를 맡아 보기도 했는데, 분명 아이들한테서 나는 냄새는 아니었다.

그렇게 한 20분 정도 교실 이곳저곳을 뒤졌을까? 종이를 담는 재활용 통을 열어 본 한 아이가 심하게 구역질을 해대며 찾았다고 고함을 지르기 시작했다. 냄새가 스멀스멀 새어 나오는 재활용 통을 열어 봤더니 언제 버렸는지도 모를 급식 우유가 터져서 질퍽해진 액체가 흘러나오고 있었고, 종이에는 이미 퍼런 곰팡이가 번져 있었다. 나는 우유 썩는 냄새가 그렇게 지독한 줄을 그때 처음 알았다.

　재활용 통에 담겨 있던 모든 내용물을 쓰레기봉투에 구겨 넣고, 함부로 버린 우유와 재활용 분리수거 문제로 한 시간 넘게 지루한 잔소리를 이어갔다. 그때 우리 반의 똘똘한 아이 하나가 나에게 할 얘기가 있다며 조용히 손을 들었다.

　"선생님, 누가 재활용 통에 먹다 남은 우유를 버려서 엉망으로 만들었는지도 모르는데 이렇게 모두가 혼나는 건 부당해요!"

　아이의 말을 듣고 난 다음, 나는 머리를 한 대 맞은 듯 멍한 기분이 들었다. 그 아이의 이유 있는 항의에 반박할 만한 말이 별로 없었고, 마치 화풀이라도 하듯 긴 연설을 늘어놓은 나 자신이 부끄럽기도 했다. 한편으로는 아침마다 몇 번이고 강조했던 일을 지키지 않은 아이들이 야속하기도 했다.

　"그래, 그건 네 말이 맞는 것 같아. 그래도 이 문제를 그냥 넘어가기는 그렇고, 앞으로 우유를 버리거나 재활용을 잘하겠다는 마음을 담아 환경 관련 노래를 함께 만들어 보는 건 어떨까? 마침 내일 재량 활동에 비슷한 주제로 이야기해야 하니."

　다소 생뚱맞긴 했지만, 그때의 상황을 나름 교육적인 방법으로 풀고 싶다는 생각에 집에 가자마자 늦은 밤까지 행진곡 풍의 네 단짜리 가락을 빠르게 만들었고, 그다음 날 아이들에게 가사를 붙여 보게 했다. 아이들이 붙인 가사를 찬찬히 읽어 보니, 우리 반 아이, '정혜'가 쓴 글이 너무 빤하지 않고 노래 가사로서의 느낌도 잘 살린 듯해서 아이들과 함께 다듬어 노래를 완성하고 즉석에서 함께 불렀다.

　원래는 그날 있었던 이른바 '썩은 우유 소동'이 노래 가사에 그대로 담기길 바랐는데, 자신이 쓴 글이 노래가 된다는 것에 대한 부담이 컸는지, 사실적이고 생동감 넘치는 내용보다는 교훈적인 내용이 열거된 가사들이 많아 다소 아쉽기는 하다. 무더운 여름이 시작되는 7월의 어느 날, 아이들과 이런 과정을 거쳐 탄생한 노래가 바로 〈환경 행진곡〉이다.

7월은 에어컨 사용도 늘어나고 자연에서 생활하는 시간이 많아지는 시기라, 환경과 관련된 행사나 교육 활동이 다른 때보다 많은 편이다. 여름방학을 앞두고, 아이들과 자연의 소중함과 환경오염의 심각성을 나누는 활동과 함께, 이 노래를 불러 보기를 권하고 싶다.

 이렇게 불러 봐요

〈환경 행진곡〉은 제목에서 이미 알 수 있듯이 셔플 리듬을 사용하여 만든 행진곡 풍의 노래이다. 진취적이고 활기찬 느낌을 주기 위해, 다른 곡에 비해 4분 음표, '점 8분 음표 + 16분 음표'를 많이 사용하였고, 네 줄짜리의 짧은 가락이 반복되는 3절 구조를 통해 아이들이 쉽게 노래를 익힐 수 있도록 했다.

이 노래는 전체적으로 음을 길게 빼면서 부르는 것보다는 원래의 리듬보다 약간 짧게 소리 낸다는 느낌으로 노래를 지도하는 것이 좋고, '점 8분 음표 + 16분 음표'로 구성된 부점을 아이들이 그냥 흘려 부르는 경향이 있으니 그 부분만 따로 떼어 반복해서 불러 보는 것이 노래의 느낌을 살리는 데 많은 도움이 될 것이다.

또한 첫째 단은 음역대가 낮고 노래가 시작되는 부분인 만큼 부드럽게 가사를 통통 팅기듯 부르는 것이 좋고, 둘째 단은 가락의 음역이 조금씩 상승하는 구조를 지니고 있으니 점점 세게 부르도록 지도해야 한다.

마지막으로 셋째 단과 넷째 단 첫 두 마디가 음역이 상대적으로 높은 부분이니, 호흡을 충분히 확보한 다음, 가장 큰 성량으로 부를 수 있도록 연습하는 것이 좋다.

환경 행진곡

권정혜 글, 이호재 곡

우 리 사 는 지 구 는 참 아 름 다 운 별
사 람 들 의 욕 심 에 파 괴 된 산 과 별 들
일 회 용 품 사 용 은 정 말 로 안 돼 요

자 연 과 사 람 이 어 어 울 려 살 — 았 죠
살 — 곳 을 잃 어 떠 나 간 숲 속 친 구
무 관 심 속 에 서 병 들 어 간 — 지 구

풀 벌 레 소 리 에 맞 춰 즐 겁 게 노 래 부 르 던
희 뿌 연 매 연 속 에 서 힘 겹 게 뛰 노 는 아 이
밤 하 늘 빛 나 는 별 을 우 리 가 볼 수 있 도 록

그 평 화 로 운 모 습 은 사 라 져 버 렸 죠
우 리 가 바 라 던 세 상 이 런 거 였 나 요
초 록 빛 넘 치 는 세 상 함 께 만 들 어 요

노래가 나오는 종소리 어때요

문을 열어, 손 씻기가 최고야

"이호재 선생, 종소리로 활용할 수 있는 노래들 몇 곡 만들어 보면 어떨까?"

몇 년 전, 열정적으로 아이들을 만나 가는 모습에 매료되어 대학 때부터 존경해 마지않던 선배 교사 한 분으로부터 노래를 만들어 달라는 부탁을 받았다. 교육부 건강증진 연구학교 주무를 맡아 건강과 관련된 다양한 활동을 해 보고 싶은데, 아이들의 건강권을 위해 교실 환기를 위한 노래와 손 씻기를 위한 노래를 제작하여 학교 시종으로 틀면 어떻겠냐는 아주 신선한 제안이었다.

즉, 쉬는 시간마다 아이들이 흔히 듣는 종소리 대신 교실 환기나 손 씻기와 관련된 노래가 흘러나오고, 아이들은 그 노래를 따라 부르며 창문을 열거나, 손을 씻으러 가는 방식인 것이다. 더불어 그 선배님은 본인 학교에 우선 적용해 보고 반응이 괜찮으면 많은 학교에 전파하고 싶다는 바람도 밝히셨다.

학교의 시종이라는 특성상 노래 자체가 30초 이내로 짧아야 하고, 짧

104

은 노래 속에 교실 환기와 손 씻기의 중요성을 담아내야 하니 간단치 않은 작업이었다. 물론 전교생이 함께 불러야 하는 노래인 만큼 유치하지도 않고, 또한 어렵거나 너무 상투적이지도 않아야 했다. 그렇게 며칠을 고민하며 노래를 만들었고, 우리 학교 노래 동아리 아이 한 명과 노래연구회 활동을 같이하던 선생님의 음성으로 녹음하여 음원을 보내 드렸다. 그리고 며칠 뒤 선배님으로부터 아이들의 생활 모습이 완전히 달라졌다는 이야기를 전해 듣게 되었다.

'과연 아이들이 어떤 모습이기에 그러실까?'

너무나 궁금한 나머지, 우리 학교에서도 그 노래 시종을 틀어 보자고 건의했다. 그저 기존의 멜로디 시종 대신 노래로 구성된 시종을 튼 것뿐인데, 아이들의 반응은 가히 폭발적이었다. 몇 번을 말해야 행동하던 아이들이 이 노래만 나오면 자리에서 벌떡 일어나 창문을 서로 열려고 아우성이고, 즐겁게 노래를 부르며 손 씻으러 가던 장면은 음악이 우리에게 주는 힘을 다시금 실감케 했다. 이런 노래를 활용한 시종 방식의 단점이 있다면, 선생님들이 노래가 흘러나오면 반사적으로 반응하는 아이들 때문에 더 이상 수업을 진행하기 어렵다는 점이며, 요즘과 같이 미세먼지가 극성을 부릴 때에는 수치를 확인해 가며 창문을 열도록 해야 한다는 점이다.

부탁하신 선배의 공언대로 이 노래를 부산 시내 많은 학교에서 시종으로 활용하게 되었고, 이 노래를 만들었던 학교를 떠나 지금 근무하고 있는 학교로 옮겼을 때에도 이 시종을 활용하고 있었다. 한 가지 재미있는 사실은, 2년 전 우리 학교에서는 노래가 나오는 종소리를 여러 가지 이유로 그만두었는데, 인근 중학교와 고등학교에서는 〈문을 열어〉라는 노래를 1교시와 5교시가 시작될 때 어김없이 틀고 있다는 점이다. 어떤 때에는 두 학교에서 동시에 노래 시종을 트는 바람에 한 노래가 마치 메아리 치듯 학교 주변에 울려 퍼지곤 했다.

더운 날씨에 에어컨 가동이 조금씩 늘어나는 7월이 되면, 환기나 위생의 중요성이 그 어느 때보다 커진다. 이 두 노래를 꼭 학교 시종으로 활용하지 않더라도 학급에서 아이들과 교실 환기나 손 씻기의 중요성을 나누기 위해 한 번씩 불러 본다면 아이들의 건강한 학교생활에 도움을 주는 한편, 날마다 반복되는 일상생활에 또 다른 활력이 될 것이다.

 이렇게 불러 봐요

〈문을 열어〉와 〈손 씻기가 최고야〉는 시종으로 활용하기 위해 만든 노래이다 보니 전체 길이가 30초 정도로 짧은 편이다.

〈문을 열어〉에서 맨 처음 반복되는 가사인 '문을 열어'는 노래에서 말하고자 하는 바를 지시적인 언어로 표현한 만큼, 조금 강렬하게 짧게 끊어 부르는 것이 좋고, 한 박자 반의 리듬으로 구성된 '하나'나 '열고'는 음표 길이만큼 길게 빼는 것보다는 다소 여유를 두고 가사 하나하나를 가볍게 튕겨 주듯 불러 보기를 권한다.

〈손 씻기가 최고야〉는 노래의 생동감을 더하기 위해 첫 번째 단과 두 번째 단에 랩 형식의 가사를 배치하였다. '아, 더러워'나 '피구 하고' 부분에서는 마치 구호를 외치거나 랩을 하듯 악센트를 넣어 부르면 노래의 흥을 느끼는 데 많은 도움이 될 것이다. 또 세 번째 단의 '깨끗이'나 네 번째 단의 '시작은' 부분은 발성하기 까다로운 단어임에도 불구하고 고음역으로 배치되어 있으니 사전에 호흡을 충분히 모은 다음, 순간적으로 배에 힘을 주어 부르는 것이 좋다.

문을 열어

이호재 글, 곡

문 을 열 어   문을 열 어   쉬는 시간종이 치면 창 문 열 어

탁 한 공 기   내 보 내 고   맑은 공 기를 마 셔 요 —

한 사람 의 작은 노 력   하   나   우 리모두웃음 짓게 하   죠

내 마음 의 문 도 활짝 열   고   교 실 창 문도 열 어 요 —

손 씻기가 최고야

이호재 글, 곡

소변보고 (아더러워) 축구하고 (피구하고) 밥 먹지는 않—나요 —

나도모르게(너도모르게) 내 손에 는(니손에도) 세균들이 가득 하 죠

하루동안 여덟 번 (쓱싹쓱싹) 비누칠도 깨끗 이 (뽀드득뽀드득)

나를 사랑하는 맘의 시 작 은 뭐라해도 손 씻기가 최 고 야

비 오는 날 아빠와의 소소한 대화를 담은

아빠의 우산

●

●

●

6월 말부터 7월 초, 아이들이 가장 흔하게 마주하게 되는 자연현상은 '장마'일 것이다. 비가 많이 내리는 날은 아이들의 학교생활에도 많은 영향을 끼치게 마련이다. 특히 등교하기 전 아침 날씨는 아이들에게 다양한 기분과 감정을 선사한다.

예전에는 지루하게 내리기 시작하는 비에도 운동장으로 나가서 비 오는 날의 정취와 풍경을 아이들과 함께 나누기도 했는데, 요즘 같으면 그렇게 했다가는 주변에서 '아이들이 감기라도 걸리면 어떡하냐?'는 핀잔을 듣기 십상이라 선뜻 그러지는 못한다. 실내에서 시끄럽게 떠들거나 고함을 지르지 말라고 방송으로 틀어 주는 영화가 그 자리를 대신하고 있다는 게 다소 씁쓸한 느낌이 든다.

요즘처럼 1학년 꼬마들과 생활하는 해에는 그날 날씨도 교사에게 중요한 관심사이다. 쉬는 시간이면 왕성하게 움직이며 에너지를 발산해야 하는 1학년들의 특성상, 비가 오는 날이면 자신의 흥을 주체하지 못해 뛰어다니는 아이들과, 사고가 날까 봐 전전긍긍하는 선생님들의 지루한 줄

다리기가 이어지기 마련이다.

수업을 마치고 아이들이 하교하는 시간이 되어도 그러한 혼란은 조금도 나아지지 않는다. 요즘은 대부분의 학교가 신발장과 우산 보관함을 1층 현관 앞에 놔두고 있어서, 아이들이 한꺼번에 몰리는 하교 시간이 되면 실내화를 갈아 신는 아이들과 자기 우산을 찾는 아이들로 북새통을 이룬다. 그리고 자기 우산을 잃어버렸다고 혼자서 울고 있거나 우산도 없이 억수같이 쏟아지는 비를 맞고 집으로 달려가는 아이가 몇 명씩 생기기 일쑤라, 아이들을 현관 앞까지 배웅하는 게 비 오는 날의 일상이 되어 버렸다.

한 가지 신기한 것은 우산을 잃어버린 1학년 아이들 공통점 중의 하나가 자기 우산의 특징을 너무나 잘 파악하고 있다는 점이다. 우산의 색깔과 특징을 물어보고, 남아 있는 우산 중 비슷한 걸 내밀면 캐릭터의 눈 색깔이 다르다는 등의 이유를 들어 고개를 젓는다. 오히려 자기 우산에 대한 애착이 별로 없거나 자기 우산의 특징을 잘 모르는 아이들이 대충 비슷한 것을 가져가는 통에 애먼 아이들이 고생하는 경우가 발생한다.

장마가 기승을 부리기 시작한 7월의 어느 날 아침, 아빠와의 대화를 그대로 일기에 옮긴 이 노래의 작사가 '채희'도 그랬을 것이다. 친구들과 운동장에서 놀 생각에 잔뜩 들떠 있던 7월의 어느 날 아침, 비가 내리는 장면을 목격하고는 잠시 짜증이 났을 것이고, 비 오는 날이면 어김없이 우산을 찾는 아빠가 눈에 보였을 것이다. 항상 어디선가 우산을 잃어버리고 집으로 돌아오는 아빠가 다소 이해되지 않았을 것이고, 능청스럽게 '우리 딸은 걱정하지 마세요'라는 말을 건네는 아빠가 무척 다정하게 느껴졌을 것이다.

물론 이 글을 쓴 채희가 우리 반 아이가 아니었기 때문에 아이의 감정을 정확하게 확인할 수는 없었지만, 분명 일기 속에는 장마철에 자주 사용하는 '우산'이라는 물건을 통해 아빠에게 전하고 싶은 마음이 따뜻하게 담겨 있었다.

비가 오는 날은 학교에서의 활동 공간이 제한적이라 아이들이나 교사들에게 많은 불편함을 안겨 주지만, 사람들의 감성을 자극하는 묘한 분위기로 인해 가사나 멜로디가 고운 노래를 나누기에도 좋은 날이다. 아빠와 딸이 우산을 통해 나누는 따뜻하고도 유쾌한 마음을 생각하며, 지루하게 비가 내리는 날에 아이들과 함께 불러 봤으면 좋겠다.

*그 당시의 일기에는 '학원'이라 표현되어 있지만 정황상 '학교'의 오기이거나 오후에 갈 학원에 대한 걱정을 미리 적은 말인 듯하다. 이런 내용을 아이들에게 미리 알려 주면 노래에 대한 혼란을 줄일 수 있을 것이다.

 이렇게 불러 봐요

〈아빠의 우산〉 가사는 등교하기 전 현관 앞 상황과 아빠와의 대화, 마지막은 아이의 생각으로 이루어져 있다. 다른 부분보다 실제 대화 그대로 가사로 옮긴 부분을 실감 나게 부르는 것이 노래의 분위기를 살리는 데 보다 효과적일 것이다. 특히 딸아이 말이 나오는 부분은 다소 깍쟁이 같은 느낌으로, 아빠의 말 부분은 느리고 능청스러운 느낌으로 불러 보라고 하면 아이들이 의외로 흉내를 잘 낸다.

이 노래의 음원은 BPM 120 정도로 제작되어 있으나, 직접 기타와 같은 악기로 반주를 하며 아이들과 노래를 부를 땐 조금 더 여유를 가지고 느리게 부르는 편이 대화체가 인용된 노래의 분위기에 더 잘 어울린다.

그리고 이 노래에서 가장 높은 음에 해당하는 '우리 딸은'은 '우리 따른'과 같은 발음으로 발성하도록 사전에 지도하면 고음을 내는 데 훨씬 수월하고, '챙겨 놨으니까'의 경우, 상대적으로 음을 잡기 어려운 부분이니 원곡보다 느린 빠르기로 여러 번 반복하여 불러 보며 연습하는 것이 좋다.

아빠의 우산

곽채희 글, 이호재 곡

아 — 빠 와 나 의 대 화 는   언 — 제 나 이 — 런 식

내 일 도 우 리 — 아 빠 는   우 산 없 이 오 시 겠   지

야방학이다

　　나의 어린 시절 방학은 밥 먹는 시간만 빼고 하루 종일 밖에 나가 놀아도 누구 하나 뭐라 하지 않던 시간이었고, 골목이나 공터만 가면 함께 놀 친구가 넘쳐나던 시간이었다. 그러다 개학하기 하루 전날, 그동안 밀린 숙제를 하느라 고생했던 기억도 떠오르고 언제나 '맑음'으로 표시된 날씨 때문에 일기를 한꺼번에 몰아 쓴 것이 들통나 혼나는 일도 허다했다.

　　"방학 가까워지니까 좋지?"

　　"네, 근데 안 좋은 점도 많아요!"

　　"그래? 요즘은 숙제도 거의 안 내 주고, 안 좋은 점이 별로 없을 것 같은데……."

　　"엄마가 방학만 되면 학원 더 다니라고 하세요!"

　　"그리고, 친구들도 자주 못 보잖아요!"

　　몇 년 전 아이들과 함께 여름방학 생활 계획표를 짜던 중 대부분의 아이들이 방학을 열광적으로 좋아할 거라는 나의 예측은 보기 좋게 빗나가고 말았다. 적지 않은 수의 아이들이 방학이 되면 늘어나게 될 학원 수업 시간을 걱정하고 있었고, 교실에서 매일 만날 수 있었던 친구들을 볼 수 없다는 점을 아쉬워하고 있었다. 그래서 개학하기 며칠 전부터 빨리 학교에 가면 좋겠다는 생각이 든다는 아이들도 의외로 많았다.

마침 그때가 그래프 단원을 공부하고 있던 시기라, 이것을 주제로 설문 조사를 하여 그래프로 그려 보면 재미있을 듯하여, 아이들에게 방학이 되면 좋은 점과 안 좋은 점을 설문을 통해 조사해 보게 했다. 인터뷰를 한 아이들의 성향에 따라 순위는 다소 차이가 있었지만, 대부분 아이들의 방학에 대한 생각은 거의 비슷하게 나왔다.

방학이 되면 좋은 점	방학이 되면 좋지 않은 점
1. 늦잠을 잘 수 있다.	1. 학원 시간이 늘어난다.
2. 가족 여행을 간다.	2. 친구들을 잘 볼 수 없다.
3. 스마트폰 게임을 많이 할 수 있다.	3. 급식을 못 먹는다.
4. 평소보다 많이 놀 수 있다.	4. 부모님의 잔소리가 늘어난다.
5. 좋아하는 취미 생활을 할 수 있다.	5. 집안일을 평소보다 많이 한다.

〈야 방학이다〉는 방학을 대하는 아이들의 태도와 생각을 다소 직설적으로 반영하여 만든 노래이다. 아이들과 방학에 대한 생각을 나누면서, 점점 더 강해지는 굴레와 압박 속에서 살아가는 아이들의 현실에 조금 가슴 아프기도 했다. 그래서 방학을 맞이하며 늘어난 학원 공부에 대한 스트레스와 친구를 그리워하는 아이들의 마음을 공감해 주고 위로해 주고 싶었다. 아이들이 자신이 겪은 일이나 처지에 대해 긍정적으로 바라보도록 조력하는 일도 중요하지만, 때로는 따뜻한 공감이 사람의 마음을 위로하는 데 더 큰 힘을 발휘하기도 한다.

그럼에도 아이들의 삶에 있어 방학은 여전히 기다려지는 시간이다. 그

건 교사에게도 마찬가지이다. 바쁜 일상 속에서 지쳐 가는 마음의 여유를 되찾아 재충전의 기회를 가지고, 자신이 좋아하는 무언가에 한껏 몰입할 수 있는 시간이 된다는 점에서 아이들은 방학을 기다리고 또 기다린다. 다만, 방학으로 인해 학창 시절 개학과 맞먹는 기분을 감내해야 할 학부모님들에게는 심심한 위로를 보낸다.

 이렇게 불러 봐요

〈야 방학이다〉의 첫째 단과 둘째 단 첫마디에는 아이들이 노래에 대한 흥미를 느끼도록 '야', '확', '뭐'와 같은 감탄사를 의도적으로 넣어 놓았다. 이 부분을 노래할 때는 음을 정확하게 내는 것에 집중하기보다는 실감 나게 말을 한다는 기분으로 표현하는 것이 좋다.

이 곡 셋째 단의 이음줄로 표현된 '놀-러-' 부분은 아이들이 음정을 정확하게 내지 않고 흘려 부르는 경향이 있으니 몇 번 강조해서 짚어 주는 것이 필요하고, 넷째 단에 4분 음표로 표현된 '엄마', '잠시'라는 가사를 표현할 때는 스타카토로 강하게 끊어서 부르는 것이 좋다.

마지막으로, 이 노래의 가사가 방학 때 아이들이 주로 하는 일로 구성되어 있는 만큼 아이들 스스로 노래 가사 바꾸기 활동을 통해 자신의 방학 생활을 표현해 보도록 하는 것도 의미 있는 노래 활동이 될 것이다.

야 방학이다

이호재 글, 곡

야 며칠뒤면 신 나 는 방 학 이 다

확 달 라질건 없 지 만 괜 스 레 기다려지 네
뭐 새 로 울건 없 지 만 마 음은들ㅡ뜨 는 데

학 교간 다못 한 늦 잠부 터자 고 놀 이터 에놀ㅡ러ㅡ가 야 지
더 늘어 난학 원 시 간때ㅡ문 에 평 소보 다힘들ㅡ지 도 모 르 지

걱 정하 는엄 마 생 각해 서잠 시 책 읽기 도해 야 지
보 고싶 은친 구 생 각나 서가 끔 허 전할 지도 몰 라

노래 활동 TIP

노래 부르기에 재미를 더하는 활동들

활동명	활동 방법
노래 가사 빼고 부르기	노래 가사의 일부를 빼고 부르는 활동이다. 예를 들어 〈숲속을 걸어요〉라는 노래를 부를 때 '요'나 '길'이라는 글자를 소리 내지 않고 부르는 방식이다. 단순한 활동이나 의성어, 의태어 등이 들어간 부분이나 반복적인 단어를 2∼3개 빼고 부르면 의외로 아이들이 즐겁게 활동에 참여하고, 리듬감을 익히는 데에도 도움이 된다.
X맨을 찾아라	아이들 중 술래와 X맨을 정하고, 술래가 노래를 부르지 않고 립싱크만 하고 있는 X맨을 찾는 활동이다. 이때 다른 아이들은 술래가 X맨을 찾을 수 없도록 큰 목소리로 노래를 불러야 하고, X맨은 술래에게 잡히지 않도록 리얼하게 노래 부르는 연기를 해야 한다.
노래 가사 빙고 게임	주어진 노래의 가사 중에서 가장 중요하다고 생각되는 단어 9, 16, 25개를 선정하여 빙고 판에 적은 다음, 1줄이나 2줄 빙고를 먼저 완성하는 사람이 이기게 된다. 처음 노래를 배울 때, 표현하고자 하는 주제에 대한 이해를 높이는 데 많은 도움을 주는 놀이이다.
쟁반 노래방	10여 년 전 TV에서 방영된 쟁반 노래방을 모방하여 만든 노래 활동이다. 처음 노래를 배울 때 아이들을 몇 그룹으로 나누어 노래를 들려주며 자신들이 부를 노래 파트를 정해 준 다음, 모든 그룹이 자신이 맡은 부분을 완벽하게 부를 때 성공한 것으로 간주한다. 모둠별로 간단하고 쉬운 노래를 처음 배울 때 적합한 활동으로, 아이들의 협동심을 기르는 데 효과적이다.
한 글자씩 번갈아 부르기	우리 반 아이들이 이미 배운 노래를 부르며 노는 모습에 착안한 것으로, 아이들이 가사의 한 글자씩 번갈아 가며 부르는 활동이다. 4분 음표나 8분 음표로 구성된 노래를 부를 때 적합한 활동으로, 너무 쉬울 경우 곡의 템포를 빠르게 하거나 '두 글자씩 번갈아 부르기'로 바꾸어 불러 보면 더욱 재미있는 활동이 될 것이다.
무표정하게 부르기	두 그룹이 서로의 얼굴을 마주 보고 노래를 부르며 웃지 않아야 이기는 활동이다. 재미있는 가사나 가락으로 구성된 노래를 배우고 난 후의 활동으로 적합하며, 과장된 목소리와 동작, 표정으로 상대방을 웃겨야 이길 수 있는 놀이이다.

구 분	기능 및 특징
도전 20곡	놀이 수업으로 유명하신 허승환 선생님이 만드신 '도전 20곡' 플래시 툴을 이용한 놀이로, 한 학기 동안 배운 노래들을 다시 불러 보는 학급 행사로 진행하면 좋은 활동이다. 그동안 배운 노래의 제목과 다양한 이벤트, 재미있는 벌칙 등을 플래시 툴에 입력해 놓으면, 아이들이 보다 흥미롭게 노래 활동에 참여할 것이다.
노래 가사 보고 노래 맞추기	가사의 순서를 복잡하게 바꾸어 놓거나, 중요한 단어 몇 개만 제시하여 노래 제목을 맞추게 하는 게임이다. 그동안 아이들과 배운 음악 교과의 노래를 정리할 때 많이 사용하는 방법으로, 노래 제목의 자음이나 모음만 제시하여 맞추게 하는 방법도 있다.
노래 제목 스피드 퀴즈	스피드 퀴즈 플래시 툴을 이용한 놀이로 한 사람이 노래 제목을 보고 노래에 대한 설명을 하고, 다른 사람들이 그 제목을 정해진 시간 내에 맞추는 활동이다. 이때 문제를 내는 사람은 제목에 포함된 단어를 사용하면 안 된다.
숨겨진 노래를 찾아라!	모둠별로 나와 각각 다른 노래의 일부분을 부르고, 다른 사람들이 숨겨진 노래를 찾는 게임이다. 이때 부를 노래는 모든 아이들이 잘 알고 있는 노래를 선정해야 하며, 모든 노래를 한 번에 다 찾는 모둠이 이기는 방식으로 진행된다.
노래 제목 단어 조합 퍼즐	단어 조합 퍼즐 툴을 활용한 활동으로, 노래 제목을 구성한 음절을 섞어 놓은 화면을 제시하고 노래 제목을 맞추는 활동이다. 이때 다른 말을 더 첨가하거나 또는 자음, 모음만 제시하는 방법으로 난이도를 조절할 수 있다.

 QR코드 앱으로 왼쪽 그림을 찍은 후, 링크된 주소로 이동하시면, 위 활동에 필요한 플래시 툴을 다운 받으실 수 있습니다.

9월

또 다른 시작

여름방학이 끝나고 개학을 하면 학교는 새로운 기운으로 넘쳐난다.
9월은 방학 동안 소원해진 아이들의 관계를 회복하고 공동체의 따뜻한 기운을
느낄 수 있는 노래들로 운영해 보면 어떨까?

방학이 끝나고

지역마다 차이가 있겠지만 부산에서 아이들과 가장 오랜 기간 떨어져 있어야 하는 시간이 바로 '여름방학'이다. 물론 방학이 끝난다는 건 늘 아쉬움과 안타까움을 동반하지만, 만에 하나라도 개학을 기다리는 아이들이 있다면 그 이유는 친구들 때문일 것이다. 예전과 다르게 집 앞 놀이터나 학원에 가는 것 외에는 친구를 만나는 일이 힘들어진 요즘, 학교라는 공간은 친구들과 온전히 시간을 보낼 수 있는 유일한 장소가 되어 버렸다.

여름방학은 아이들의 많은 변화를 가져오는 시간이기도 하다. 검게 그을린 얼굴은 공통적으로 관찰할 수 있는 변화이고, 키가 훌쩍 자라 버린 아이, 목소리가 갑자기 변해 버린 아이 등 함께 생활하는 동안에는 좀처럼 느낄 수 없었던 아이들의 성장을 목격하게 되는 때가 9월의 개학 날이다.

한번은 이런 일도 있었다. 우리 반에서 키가 가장 작은 여자아이를 한 남자아이가 집요하게 놀린 적이 있었는데, 그러지 말라고 단단히 주의를

줘도 좀처럼 나아지지 않는 것이다. 나중에 안 사실이지만, 귀엽고 당찬 데다 공부도 잘하는 그 여자아이를 이 남자아이가 좋아하고 있었는데, 자신이 유일하게 여자아이에게 내세울 수 있었던 게 '키'였던 모양이다. 그 남자아이도 우리 반에서는 키가 작은 편이었는데도 말이다. 그런데 기나긴 여름방학을 보내고 개학 날 교실로 다시 돌아와 보니 여자아이와 남자아이의 키가 역전되어 버린 황당한 일이 벌어지고 말았다.

"자, 봐! 이젠 내가 더 크지? 앞으로는 키 작다고 놀리지 마!"

개선장군처럼 호령하는 여자아이의 말에, 그 남자아이는 그만 울음을 터뜨리고 말았다. 아마도 여자아이가 한 뼘이나 자랄 동안, 제자리에만 머물러 있던 자신의 키가 원망스럽기도 했을 것이고, 더 이상 좋아하는 여자아이에게 내세울 게 없다는 게 무척 속상했을 것이다. 난 이 노래를 아이들에게 들려줄 때면 여자아이의 당당한 외침에 갑작스럽게 울음을 터뜨려 나를 황당하게 만들었던 그 남자아이의 모습이 떠올라 피식 웃음이 나온다.

이 노래가 만들어진 해는 2006년으로, '제4회 노래로 그리는 교실' 공연에서 방학이 끝난 개학 날, 아이들을 맞이하는 교사의 심정과 바람을 담은 주제곡이 필요해 만든 노래이다. 그 당시 이제 막 교직에 들어선 한 선생님이 제자들에게 보내는 편지를 재구성해 노래의 가사로 활용했는데, 지금은 그 편지가 남아 있지 않아 그 편지를 소개할 수 없다는 점이 너무 안타깝다.

〈방학이 끝나고〉는 방학 동안 보지 못했던 친구들에 대한 반가움과 몰라보게 커 버린 아이들의 성장, 그리고 2학기 생활에 대한 새로운 다짐을 담은 노래이다. 다소 높은 음역대로 구성되어 있고, 당김음이 많아서 아이들이 노래를 배우기가 간단하지 않을 것이다. 하지만 가요 느낌이 나는 세련된 멜로디와 박진감 넘치는 리듬으로 인해, 고학년 아이들이 자주 부르자고 조르는 노래 중의 하나이다. 개학 날, 다양한 아이들의 감정으로 자칫 어수선해지기 쉬운 분위기를 하나로 모으고, 2학기의 새로운 다짐을 노래로 열어 가고 싶은 분들에게 이 곡을 권해 드리고 싶다.

 이렇게 불러 봐요

앞서 언급했지만, 〈방학이 끝나고〉는 가요처럼 멜로디의 변화가 많고 리듬도 대체로 화려한 편이라 아이들이 따라 부르기가 간단치 않은 노래이다. 그래서 악보를 보고 부르는 방법보다는 자주 들려주어 전체적인 노래 구성을 자연스럽게 익히도록 하는 것이 중요하다.

대체로 처음 나오는 '방학이 끝나고'에서 앞마디로 당겨 오는 '끝'의 리듬을 많이 어려워하는 편이니, 손뼉을 치며 여러 번 연습한 후에 전체 노래를 부르도록 하는 것이 좋다.

또한 다섯째 단부터 나오는 구간의 '흘러가는'이나 '시간 속에'와 같은 가사는 의도적으로 리듬을 끊어서 불러야 하므로, 원래의 리듬보다 짧게 부르는 것이 좋으며, 여덟째 단의 '그 눈빛은' 바로 다음에는 음역대가 높은 편이므로 충분히 호흡을 모으는 것이 좋다.

또한 이 노래 가사에서 '워---' '추억 속에'와 같이 애드리브가 삽입된 부분은 순간적으로 네 개의 음이 한번 올라갔다 내려오는 구조이니, 손가락으로 가락 선을 허공에 그리며 부르도록 연습하는 것이 효과적이다.

방학이 끝나고

이호재 글, 곡

방—학 이 끝 — — 나 고 설—레는마음으로 —
개구쟁이 영 — 석 이 도 코흘리개진욱이도 —

교—실로 들 — 어 서 는 날 —
이젠제법의 — 젓 해 지 고 —

아 니 무 슨 하 — 고 픈 말 그 리 도 많 은 지 — 쉴 새 도
나 를 보 는 아 — 이 들 의 맑 은 눈 망 울 이 — 사 랑 스

없 이 조 잘 조 잘 조 잘 대 고 있 네 —
럽 게 올 망 졸 망 빛 나 고 — 있 네

때 로 는 오 늘 다 짐 했 던 많 — 은 말 들 이 흘 러 가

는 시 간 속 에 조 금 씩 잊 혀 질 지 몰 라 — —

기대로 시작해서 실망으로 끝나 버린

체육 시간

〈체육 시간〉이 만들어지게 된 시기는 15년 전 내가 4학년 담임을 맡았을 때로 거슬러 올라간다. 평소와는 달리 체육 수업에 참여하는 아이들의 태도가 매우 진지하고 질서도 잘 지켜서 그 다음 날 있을 체육 시간에는 꼭 축구를 하겠노라고 아이들과 약속을 했었다.

다음 날, 1교시부터 아이들의 마음은 몇 시간만 있으면 축구를 할 수 있다는 생각에 무척 들떠 있었다. 2002년 한일 월드컵이 끝난 지 얼마 되지 않는 시기라 축구에 대한 아이들의 열기도 대단했었는데, 학급 아이들의 이야기는 축구로 시작해서 축구로 끝날 때가 많았다. 그중에서도 특히 이 노래의 가사를 쓴 '종익이'라는 아이는 자신의 흥분된 마음을 주체하지 못하고 수업에 방해되는 행동까지 자주 하는 바람에 나에게 여러 번 지적을 받았다. 체육 시간이 시작되고 준비운동을 하는 시간에도 종익이의 수업 방해가 계속되자, 나는 화가 난 나머지 아이를 스탠드에 앉아 있도록 했다.

그때까지만 해도 종익이의 마음속에는 우리 선생님은 마음이 약해 그렇게 오래 벌을 세우지 않을 거란 믿음이 있었는지, 스탠드로 가라고 할 때에도 여전히 장난기 가득한 얼굴이었다. 하지만 종익이의 예상은 보기 좋게 빗나가고 말았다. 나도 오랜만에 아이들과 함께하는 축구 경기에 흠뻑 빠진 나머지, 종익이를 스탠드에 있도록 한 사실을 까마득히 잊어버리고 만 것이다. 물론 그 시간은 20분도 채 되지 않았지만 '금방 선생님이 나를 불러 주겠지?'하는 기대 속에 앉아 있었을 아이에게는 엄청나게 긴 시간이었을 것이다. 차가운 스탠드에서 쭉 기대하는 마음으로 앉아 있었을 종익이를 생각하면 지금도 미안한 생각이 가득하다.

그때 당시 나에 대한 섭섭함과 악몽 같았던 체육 시간에 대한 기억은 고스란히 그날 종익이의 일기장에 담겼다. 아이러니하게도 그 당시 제작했던 이 노래의 음원도 종익이의 목소리로 녹음되어 있다. 종익이는 앞서 소개한 〈오늘도 또〉 노래 속의 싸운 당사자이면서 그 노래를 불러 주기까지 했으니, 지금 생각해 보면 말썽꾸러기이긴 했어도 나에겐 더없이 고마운 아이였다.

〈체육 시간〉은 한 아이가 체육 시간에 겪은 억울했던 경험을 토대로 만든 곡이다. 아이가 일기에 썼던 글을 가감 없이 그대로 노래로 옮기다 보니 가사 자체가 깔끔하게 정돈되어 있다는 느낌이 부족한 것이 사실이나, 어쩌면 이런 자연스러움이 노래로서의 진실성을 더욱 돋보이게 한다는 생각도 든다. 만약 어설프게 아이가 쓴 표현을 고쳤더라면 종익이의 억울한 마음과 모든 것을 체념해 버린 감정이 현실감 있게 담기기 어려웠을지도 모른다.

이 노래는 반복되는 가사를 통해 기대로 시작한 체육 시간이 '설마'라는 예상을 넘어 절망으로 변해 가는 아이의 심리 변화를 재미있게 묘사하고 있으며, 8분 음표를 반복적으로 사용하고 멜로디 구성도 단순한 편이라, 아이들이 한 번만 노래를 들어도 쉽게 따라 부를 수 있을 것이다.

새롭게 시작된 2학기 생활과 개학 첫날부터 쏟아지는 갖가지 행사로 인해 자칫 산만해지기 9월을 아이들의 솔직한 마음이 담긴 재미있는 노래와 함께 시작한다면, 방학 기간 동안 소원해진 아이들과의 관계를 회복하고, 즐거운 2학기 생활을 다짐하는 데 작은 도움이 될 것이다.

 이렇게 불러 봐요

〈체육 시간〉은 아이의 마음을 담은 가사가 반복되는 구간이 많은 노래이다. '체육 시간이다'라는 가사에는 축구를 하는 것에 대한 아이의 기대가, '기대했었는데'라는 가사는 자신의 기대와 다르게 흘러갈지도 모른다는 아이의 불안감이, '이게 뭐야 정말'이나 '시간아 빨리 가'라는 가사에는 체육 시간에 대한 실망감과 좌절이 고스란히 담겨 있다. 노래를 부를 때 이 아이의 심리 변화에 주목하여 노래를 부르도록 지도한다면 느낌을 살리는 데 많은 도움이 될 것이다.

또한, 이 노래는 반복되는 구간도 많고 똑같은 음이 연속되는 부분이 많기 때문에, 악기를 연주하시는 분이라면 템포를 다양하게 변화시키며 불러 보면 의외로 아이들이 노래 부르기 활동에 재미있게 참여한다는 것을 알 수 있을 것이다.

첫째 단, 둘째 단, 다섯째 단, 여섯째 단의 각 마디는 뒤로 갈수록 분위기가 고조되는 가락으로 구성되어 있으니, 점점 세게 부르도록 하고, 둘째 단과 여섯째 단 맨 끝에 반복적으로 나타나는 '○○네' 가사는 힘을 주어 끊어 부르도록 지도하는 것이 좋다.

체육 시간

김종익 글, 이호재 곡

체육 시간이다 체육 시간이다 재미있는 놀이 할까 생각 했는데

기대 했었는데 기대 했었는데 친구들과 장난치다 걸렸네

하필이면 오늘따라 축구하는 시간 신나게 뛰어 놀며 놀리는 친구

스탠드에 혼자 앉아 벌을 서고 있는 내 마음은 약올라서 죽겠네

이게 뭐야 정말 이게 뭐야 정말 기다렸던 체육 시간 엉망이 되고

시간아 빨리 가 시간아 빨리 가 시간—이 빨리 갔음 좋겠네

가족, 친척들과 나누는 따뜻한 정을 담은
추석이 오면은

다가오는 추석을 맞이하여 5학년 아이들과 함께 추석과 관련된 문제를 직접 내 보고 맞추는 활동을 하던 중, 한 아이가 재미있는 문제와 보기를 만들어서 한바탕 웃었던 적이 있다.

 ※ 다음 중 추석 때 하지 않는 일을 골라라. ( )
 ① 여행 가기 ② 용돈 받기 ③ 공부하기 ④ 사촌들과 놀기

나와 나머지 아이들은 당연히 복수 정답이거나 문제를 잘못 낸 줄 알았는데, 이 아이는 아무렇지 않게 3번만 정답이라고 우기는 것이다. 그도 그럴 것이 자기 집에서는 1, 2, 4번 모두 추석이면 어김없이 하는 일이라고 말했다.

이 일을 계기로 아이들에게 제대로 된 추석 계기교육을 해 봐야겠다는 생각에서 만들었던 노래가 〈추석이 오면은〉이다. 한걸음 더 나아가 아이들에게 노래 가사에 맞게 상황을 연기하여 뮤직비디오를 함께 만들어 보

자고 제안하였다. 따분하게 공부하는 것보다야 이게 훨씬 낫겠다 싶었는지 아이들도 내 제안을 흔쾌히 수락했다. 그런데, 가사에 맞는 상황을 연출하기 위해 찬찬히 가사를 읽어 보던 아이들이 한 마디씩 꺼내기 시작했다.

"선생님, 요즘 우리 엄마는 추석 때 새 옷을 안 사 줘요!"

"우리 가족은 차례를 지내지 않던데요?"

그렇다! 세월이 달라진 만큼 추석을 즐기고 나누는 풍속도 많이 달라졌다는 걸 미처 생각하지 못하고, 나의 추억에만 기대어 노래 가사를 붙인 것이다. 그래도 난 동요하지 않고 그 아이들에게 물었다.

"그래도, 추석 때 해야 할 일 중 달라지지 않는 일이 더 많지 않니?"

"맞아요, 그날만큼은 학원에 안 가도 되고 용돈도 많이 받아요!"

아이들의 넉살 좋은 대답에 난 할 말을 잃었고, 옆에서 맞장구치는 아이들을 재촉하며 서둘러 뮤직비디오 촬영을 마무리하였다.

나의 어린 시절, 추석과 같은 명절은 유일하게 새 옷을 입을 수 있는 날이었고, 평소 얼굴을 자주 보지 못했던 사촌들과 어울려 밤늦게까지 놀 수 있던 날이었다. 또한 평소엔 쉽게 접하지 못했던 기름진 음식을 어머니의 구박을 받아 가면서도 마음껏 먹을 수 있던 날이었고, 넉넉하지는 않아도 평소보다 훨씬 많은 용돈을 받아 화약이나 장난감을 사느라 대부분의 돈을 써 버려도 이상할 것이 없는, 그런 날이었다.

물론 지금도 우리 반 아이들에게 어린 시절 추석 이야기를 들려주면, 마치 만화 〈검정 고무신〉을 보듯 신기해하면서도 흘려듣는 경우가 많다. 하지만, 추석이 설날과 다르게 방학을 피해 있는 탓에 지금의 아이들에게도 기다려지는 날임에는 틀림이 없다. 예전과 다름없이 용돈을 많이 받는

다든지, 사촌들을 만날 수 있다든지, 학원을 안 가도 된다든지, 가족끼리 여행을 가기로 했다든지 등등 저마다의 이유와 목적은 조금씩 달라졌을지 몰라도, 명절이 주는 풍요로운 느낌이나 설렘의 크기는 결코 줄어들지 않았다.

〈추석이 오면은〉은 나의 어린 시절 추석에 대한 기억과 아이들이 적은 추석에 대한 바람을 읽고 만든 노래이다. 가사의 의미를 잘 전달하기 위해 선율을 최대한 단조롭게 만들었으며, 음폭도 그렇게 크지 않아 아이들도 쉽게 따라 부를 수 있을 것이다.

기나긴 여름방학이 끝나면 이내 곧 찾아오게 되는 추석을 맞이하여, 다양한 전통 체험활동과 함께 이 노래를 배워 보면 좋을 듯하다.

 이렇게 불러 봐요

〈추석이 오면은〉은 A-B-A로 구성된 큰 세 도막 형식의 노래이다. 대부분의 가사가 추석 때 하는 일에 대해 나열하고 있어, 맨 처음 노래를 들려주며 노래 속에 표현된 추석의 모습을 찾아보거나, 등장인물들의 마음을 짐작해 보는 활동을 하면 좋을 것이다.

그리고 이 노래의 모든 단에는 와 같은 리듬이 공통적으로 들어가니 노래 부르기 전 손뼉 치기를 통해 이 리듬을 충분히 연습한 후, 노래를 불러 본다면 빠르게 노래를 익히는 데 훨씬 유용할 것이다.

또한, 각 단의 두 번째 마디에 등장하는 '오-면은-'이나 '사촌들-과' 등의 음을 정확하게 내지 않고 흘러 부르는 경우가 많으니, 손뼉을 치면서 여러 번 반복하여 연습하는 것이 좋다.

추석이 오면은

이호재 글, 곡

전봇대 앞에 서서

아이들과 놀이를 할 때마다 가장 난감한 경우는, 승부에 지나치게 집착하는 아이들을 만날 때이다. 대부분의 놀이가 승패를 가려야 하는 경우가 많고, 초등학교 교과서에서 다루는 운동 경기 또한 그러한 종목이 많은 탓에 경기에서 졌다고 하늘이 무너질 듯 억울해하는 아이들을 어렵지 않게 목격할 수 있다. 그래서 요즘 많은 선생님이 아이들과 놀이를 할 때면, 승패가 가려지는 놀이라 하더라도 일정한 기준에 도달하면 모두 성공한 것으로 인정하는 방식으로 놀이의 방법을 변형하여 운영하는 경우가 많다. 놀이의 승부에 집착하는 것은 13년 전의 아이들도 크게 다르지 않았다.

〈전봇대 앞에 서서〉의 가사를 쓴 '희수'라는 아이도 그러했을 것이다. 여느 때처럼 홀가분한 기분으로 학교를 마치고 친구와 함께 집으로 돌아가는 길에 골목길 중앙에 '턱'하고 자리 잡은 전봇대를 발견했을 테고, 아무 생각 없이 작은 돌멩이 하나를 던져 보았을 것이다. 그러자 누군가 전봇대 맞추기 시합을 해 보자고 제안을 했을 테고, 희수는 그 간단한 경기에서 친구에게 어이없이 지고 말았을 것이다.

그때의 억울한 심정을 일기에 그대로 담은 '희수'라는 아이는 진 것이 얼마나 억울하고 분했으면, 친구가 집으로 돌아간 후에도 어둑해질 때까지 전봇대 맞추기 연습을 멈추지 않았을까? 다른 반 선생님의 추천으로 희수의 일기를 읽게 된 후, 새삼 노래 속에서 느껴지는 아이의 마음이 귀엽기도 하고, 한편으로는 애잔하기도 해서 이 일기에 곡을 붙여 보고 싶은 생각이 강하게 들었다.

처음엔 경쾌하고 재미있는 느낌을 주기 위해 4박자의 빠른 셔플 리듬으로 곡을 붙이려고 했으나, 아이의 억울하면서도 답답한 심정을 담아내기엔 우리의 전통가락이 더욱 어울리는 듯하여, 굿거리장단을 활용하여 이 노래를 만들었다.

원래 '희수'라는 아이가 쓴 일기의 내용은 1절에서 멈춰 있었는데, 노래가 왠지 허전한 느낌이 들어, 몇 년 뒤 내가 희수의 마음이 되어 2절 가사를 새롭게 붙여 보았다. 물론 희수는 우리 반 아이가 아니었고, 이미 졸업도 해 버린 탓에 시합이 있었을 거라고 생각되는 그다음 날의 결과는 알지도 못하고 확인할 길도 없다. 하지만, 희수가 꾸준히 노력한 덕분에 승부에서 이기게 되었다고 가사가 전개되면 너무 빤한 이야기가 되어 버릴 것 같아서, 지는 쪽으로 2절 가사를 아래와 같이 구성했다.

다음 날 그 골목 지나갈 때 한 번 더 시합을 하자 했네
여전히 친구는 잘하는데 내 돌은 오늘도 비켜 가네
나는 너무도 분해 한밤중 전봇대 앞에서 서서
억울한 마음 담아 돌 하나 던져 보네

체육 시간이나 놀이 시간에 시합에서 졌다고 억울해하는 아이들이 있다면 〈전봇대 앞에 서서〉를 함께 불러 보는 것도 좋을 듯하다. 어떤 정답을 일방적으로 제시하거나, '이렇게 해!'라고 훈계처럼 말하는 노래를 듣고 자신의 마음을 위로받는 사람은 거의 없다. 때로는 너만 그런 생각을 가지는 게 아니라고, 아이의 마음에 따뜻하게 공감해 주는 노래가 분노를 더욱 엷어지게 만들고, 평온한 안정을 가져다주는 데 많은 도움이 될 것이다.

 이렇게 불러 봐요

〈전봇대 앞에 서서〉는 굿거리장단으로 이루어진 노래이다. 기타나 피아노와 같은 서양 악기 대신 장구를 치며 아이들과 노래를 불러 보면 노래의 흥을 돋우는 데 많은 도움이 될 것이다.

다른 노래에 비해 음폭은 심하지 않은 편이지만, '가을날'의 '을'이나, '친구는'의 '구'의 경우 4도 아래로 음이 많이 떨어지는 데도 변화 없이 같은 음으로 부르는 아이들이 많으니, 듣고 부르기를 충분히 해서 음을 정확하게 익히도록 해야 한다.

또한 맨 마지막의 '던져보-네'는 음이 빠르게 하강하는 멜로디 구조를 지니고 있어 피아노를 통해 음을 정확하게 짚어 주는 것이 필요하다.

마지막으로 셋째 단의 '너무도 분해'나 넷째 단의 '돌멩이만' 다음에 '얼쑤 좋다'와 같은 추임새를 넣어 부르면 아이들이 노래의 재미를 느끼며 보다 즐겁게 활동에 참여할 것이다.

전봇대 앞에 서서

굿거리장단

김희수 글, 이호재 곡

가을날 친구와 골목에 서 전봇대 맞추기 시합했네
다음날 그골목 지나갈 때 한번 더시합을 하자했네

친구는 잘 — 도 맞추는 데 내돌은 비켜만 가는걸까
여전히 친구는 잘 하는데 내돌은 오늘도 비켜가네

나는 너무 도분 해 한밤중 전봇대 앞에 서서
나는 너무 도분 해 한밤중 전봇대 앞에 서서

애꿎은 돌멩이 만 한없이 던져보— 네
억울한 마음담 아 돌하나 던져보— 네

아이들과 교육 뮤지컬 만들기

1. 뮤지컬의 교육적 가치

요즘 학교 현장에서 가장 효과적이고 매력적인 문화예술교육의 영역으로 각광 받고 있는 분야는 '뮤지컬'이다. 문학, 음악, 춤, 연기 등이 결합하여 하나의 작품을 완성해 가는 과정을 통해 아이들은 여러 가지 예술 분야를 동시에 경험하는 한편, 공동으로 사고하고 연습하는 기회를 통해 협력하는 자세를 기르게 된다.

비슷한 학습 주제를 분절된 교과로 따로 배우는 것보다 하나의 주제로 통합하여 배우는 것이 효과적인 것과 마찬가지로, 뮤지컬 공연은 다양한 예술 영역에 대한 이해를 높이는 데 가장 적합한 교육 활동이다. 아울러, 각자 흥미가 높은 영역에서 작품 완성에 기여할 수 있는 기회를 제공함으로써 아이들 개인의 자존감 향상에도 도움을 준다.

2. 뮤지컬 공연의 제작 과정

구 분	주요 내용	비 고
주제와 줄거리 만들기	뮤지컬에 참여할 아이들과 함께 작품에서 표현하고 싶은 주제를 정한다. 교육 뮤지컬이라는 특징에 맞게 주로 아이들이 학교에서 경험할 수 있는 주제로 정하는 것이 좋고, '도입-전개-갈등-해결 에피소드-결말'의 구조로 대략적인 줄거리를 정한다. 만약, 공연장의 무대도 직접 꾸미는 경우라면 배경을 어떻게 꾸미면 좋을지도 함께 고민하는 것이 좋다.	관객의 특성, 공통의 관심사를 고려하여 충분한 토론을 통해 결정한다.
대본 작성하기	대본은 줄거리의 단계별로 인물의 말과 행동이 잘 드러나도록 구체적으로 구성하는 것이 좋고, 인물의 개성 있는 캐릭터가 잘 드러나도록 대사와 지문을 구성한다.	음향 및 음악, 조명, 무대 상황도 상세하게 기술해 준다.
음악 창작	가사는 인물의 대사나 심리 상태를 적절하게 반영해야 하고, 가락은 극의 흐름을 자연스럽게 연결하며, 전체적인 분위기에 맞도록 음악을 창작하는 것이 좋다. 사정이 여의치 않을 땐 기존 노래를 개사하여 활용하는 것도 좋은 방법이다.	극의 상황에 맞는 노래와 춤 등을 적절히 활용한다.

배역 정하기	연기력 및 가창 능력을 고려하여 적절하게 선정하되, 연기를 하지 않는 아이들에게도 무대장치 및 의상 등의 역할을 부여하여 소외되는 아이가 없도록 해야 한다.	공연자의 능력이 충분히 발휘될 수 있도록 선정한다.
연기 및 노래 연습	연기 연습은 '대본 Reading - 대사 및 동작 연습 - 연기 연습 - 노래 연습' 순으로 진행하며 개인 연습, 소집단 연습, 전체 연습이 적절하게 조화를 이루도록 연습 시간을 배치하는 것이 효과적이다.	소집단 구성 시 동일한 장면별 인물들로 연습 모둠을 구성한다.
더빙	뮤지컬 공연을 할 수 있는 음향 장비를 갖추지 못한 무대에서 공연을 해야 할 경우, 관객들에게 극의 흐름을 잘 전달할 수 있도록 대사는 더빙하여 처리하는 것이 효과적이다. 인물의 동선을 고려하여 대사와 음향 효과, 반주, 배경음악 등이 삽입된 뮤지컬 공연 음원을 만들면 연습 시간을 훨씬 단축할 수 있다.	인물들이 부를 노래는 직접 라이브로 부르는 것이 효과적이다.
리허설	아이들이 낯설지 않도록 실제 무대와 비슷한 환경을 가진 장소에서 진행하는 것이 좋으며, 자신의 배역이 투입되는 시간, 상대 배역과의 호흡, 동선 등을 철저하게 확인해야 한다.	실제 무대 상황과 최대한 같은 조건을 갖추고 리허설을 진행한다.

3. 뮤지컬 공연 준비 및 추진 과정의 예

	실천 내용	비 고
1주	브레인스토밍을 통한 공연 주제, 배경, 대략의 줄거리 정하기	
2주	대략적인 인물 캐릭터 설정 및 1차 대본 완성	등장인물 총 19명
3주	1차 대본 수정 및 배역 정하기	
4주	대본 수정 및 삽입될 음악 및 노래 정하기	
5주	2차 대본 완성 및 대본 reading연습	
6주	대본 reading연습, 삽입될 노래 창작 및 개사 작업	창작곡 7곡
7주	노래 창작 및 개사 작업, 연기 및 노래 연습	
8주	최종 대본 완성, 노래 반주 및 음향 제작, 배역별 대사 더빙 작업	
9주	공연용 음향 음악 완성, 연기 및 노래 연습	
10주	중간 리허설	학교 강당
11주	중간 리허설	학교 강당
12주	최종 리허설	부산학생예술문화회관

4. 창작 뮤지컬 <친구를 찾아 떠나는 시간 여행>의 전체적인 흐름

구 분	세부 사항
제목	친구를 찾아 떠나는 시간 여행
기획 의도	연극 〈크리스마스 캐럴〉을 패러디하여 만든 작품으로, 세대 간이든 친구 간이든 다양하게 존재하는 고민과 갈등의 가장 큰 원인은 서로 다른 입장 차이 때문에 발생하게 되는 것이며, 그것을 해결하는 가장 좋은 방법도 결국 상대방의 입장이 되어 서로를 이해하려는 마음이라는 것을 뮤지컬을 통해 형상화한다.
줄거리	부모와 친구 간의 심각한 갈등 관계에 놓여 있는 한 소녀가, 과거에 살고 있는 자신의 부모와 현재의 다른 친구들의 진정한 모습을 보게 되면서, 서로의 입장을 이해하고, 갈등을 해결해 나간다는 내용이다.
공연 흐름	• 노래 1 : 〈넌 나의 친구야〉 (창작곡) • 부모와 친구들과의 갈등 재현 • 노래 2 : 〈한 번쯤 우리 얘기에도〉 (창작곡) • 과거 유령(약간 코믹한 캐릭터로)이 나타나 주인공을 과거로 데려감. • 노래 3 : 하이마트 광고 CM송 개사곡 • 과거 유령을 만나 과거 부모님의 젊은 시절로 되돌아감. • 과거 상황 : 아기 시절, 자신을 진심으로 걱정하는 부모님들의 모습을 보고 부모님의 진정한 사랑을 느끼게 됨. • 미래 유령(약간 코믹한 캐릭터)이 나타나 주인공을 현재의 다른 공간으로 데려감. • 현재 상황 1 : 겉으로는 자신에게 잘 대해 주지만, 속으로는 자신을 욕하고 못마땅하게 여기는 친구들의 참모습을 보게 됨. • 노래 4 : 〈우린 잘났어〉 (창작곡) • 현재 상황 2 : 평소 자신이 따돌렸던 친구와 선생님이 상담하는 장면을 보고 진정한 친구가 누구인지 비로소 알게 됨. • 노래 5 : 〈미안해 친구야〉 (창작곡) • 잠에서 깨어난 다음 날 아침, 친구와의 오해를 풀고, 예전에 가장 친했던 관계로 다시 돌아감. • 노래 6 : 닫는 곡 (〈작은 세상 2〉를 교사 1명과 함께 3부 합창으로)

5. 창작 뮤지컬 <친구를 찾아 떠나는 시간 여행> 대본

소개 1 안녕하세요! 저희들은 구학초등학교 노래하는 동아리 친구들입니다. 지금부터 우리들이 펼칠 공연은 〈친구를 찾아 떠나는 시간 여행〉이라는 뮤지컬 공연입니다.

소개 2 혹시 여러분은 〈크리스마스 캐럴〉이라는 연극을 아시나요? 〈크리스마스 캐럴〉은 구두쇠인 스크루지가 자신의 과거, 현재, 미래 모습을 보고 잘못을 뉘우치며 착한 사람이 된다는 이야기지요.

소개 3 저희들이 지금 공연할 뮤지컬 〈친구를 찾아 떠나는 시간 여행〉은 이 〈크리스마스 캐럴〉이라는 연극을 패러디한 작품입니다.

소개 4 저희들의 연기와 노래가 다소 어설프더라도 많은 양해 부탁드립니다. 그럼, 지금부터 구학초등학교 친구들의 뮤지컬 공연을 여러분의 큰 박수와 함성으로 시작하겠습니다.

구학초 아이들 올라가서 의자를 배치한 후 한 줄로 서면 뮤지컬 음원 곧바로 재생한다.

노래 1 〈넌 나의 친구야〉 (모든 아이들 합창)

> 키 작으면 어때 뚱뚱하면 어때 얼굴색 다르면 어때요
> 이 세상 사람들 모두 다 같다면 이상하지 않나요
> 우리에게 필요한 건 특별한 관심보다 편견 없이 날 바라볼 따스한 너의 눈망울
> 몸이 불편해도, 조금은 느려도 그런 게 중요하나요
> 작은 손 내밀어 마음을 보여준 넌 나의 친구야

장면 1 수업을 마치기 전 교실

노래가 끝나면, 민정, 다은, 주현만 남고 나머지는 의자에 앉는다.

다은 뭐! 키가 작고 뚱뚱해! 답이 안 나온다! 답이! 뭐가 어떻긴 어때! 같이 다니기 쪽 팔리지?

주현 맞다. 그런 얘들하고 어떻게 친구 하노? 나처럼 이쁜 애가……

민정 (거울로 자신의 얼굴 보며) 놀고 자빠졌네! 마, 저리 비키라. 어두버서 내 얼굴 안 빈다.

노래 2 〈우린 잘났어!〉 (다은과 주현 중창)

> 얼굴도 예뻐 공부도 잘해 누가 뭐라 해도 우린 잘났어
> 뻔뻔하다고 욕하는 너도 사실은 우리가 부럽지
> 워워 우린 예뻐 워우워 워 공부도 잘해
> 여기를 봐도 저기를 봐도 우리보다 잘난 사람은 없지!

이때 예지가 등장, 나머지 아이들 앞을 지나가는데 민정이가 다리를 건다. 예지는 우스꽝스럽게 넘어질 듯 휘청거리다, 중심을 잡는다.

예지 (민정이를 쏘아보며) 왜, 길 가는데 다리를 거노?

다은 뭐라카노? 얘는 가만히 있는데 지가 다리를 차고 가더만……

주현 그래, 맞다. 눈이 삤나? 왜 남의 다리를 차고 난리고! 민정아, 괜찮나?

〈후략〉

 QR코드 앱으로 왼쪽 그림을 찍은 후, 링크된 주소로 이동하시면, 창작 뮤지컬 〈친구를 찾아 떠나는 시간 여행〉의 대본과 더빙 음원, 공연 실황 동영상을 다운받으실 수 있습니다.

늘 푸른 사계절 노래 이야기

10월

우리 것이 좋아요

10월은 개천절과 한글날이 있어 우리 민족과 우리 것에 대한 소중함을
나누기 좋은 달이다. 거기에 더해 가을과 관련된 노래를 함께 불러 본다면
아이들의 감성을 더욱 풍요롭게 하는 데 도움이 될 것이다.

한글의 가치와 소중함을 담은

우리말이 좋아요

약 15년 전, 무슨 생각이 들었는지, 그 달이면 꼭 언급되는 기념일에 대한 노래를 여러 편 만든 적이 있었다. 해마다 비슷한 형식으로 진행되는 계기교육이 조금 지루하기도 했고, 그때는 요즘처럼 다채로운 동영상 자료가 일반적이지 않았던 시절이라 교사의 말과 사진 자료 몇 장에만 기댄 계기 수업이 아이들에게 큰 울림을 주지 못한다는 사실을 깨달았기 때문이었을 것이다.

그건 나의 초등학교 시절도 마찬가지였다. 국경일이 다가올 때마다 어김없이 진행되던 의식 행사를 떠올려 보면, 차분히 그날의 의미를 되새기는 자리라기보다는, 나와 상관없는 아이들의 상장 수여와 언제 끝날지 모르는 교장 선생님의 훈화로 인해 많은 인내심이 필요한 시간이었다. 몇 년 전 교장 선생님의 훈화를 듣다가 학생들이 쓰러지거나, '마지막으

144

로'라는 말을 연발하는 개그 프로나 영화에서의 장면은 결코 허구가 아닌, 그 시절 경직되고 수직적인 학교 문화를 그대로 반영한 것이라 볼 수 있다.

특히 의식 행사의 마지막을 장식하던 다양한 행사 노래들은 가사의 내용도 어렵고, 멜로디도 대체로 무겁고 딱딱한 편이라 별다른 느낌 없이 입만 벙긋거렸던 기억이 난다. 그중 가장 심각한 수준의 기념일 노래는 〈6.25 노래〉였는데 초등학생들이 입에 담기에도 섬뜩한 '원수', '붉은 피', '쳐서 무찔러' 등과 같은 가사가 노래 전체를 도배하다시피 했다. 아마도 지금 어느 교사가 그와 같은 가사를 담은 노래를 아이들과 불렀다면 아동학대로 신고되었을지도 모른다.

기념일 노래를 마주하는 아이들의 생각은 어떨까? 몇 년 전, 아이들에게 가장 기억에 남거나 좋아하는 기념일 노래를 물으니, 〈졸업식 노래〉나 〈스승의 날 노래〉 외에는 노래를 제대로 모르거나 어렵다는 반응이 대부분이었다. 이 노래를 만드는 데 직접적인 계기가 되었던 〈한글날 노래〉도 대부분 들어본 적이 없다는 아이가 많았고, 가곡 형식에 기댄 노래의 분위기도 요즘 아이들의 정서를 담아내는 데 한계가 많았다. 많은 선생님들이 지금도 각종 기념일이 다가오면 다양한 형태로 계기교육을 실시하고 있지만, 아이들의 감성과 흥미에 맞는 노래들은 턱없이 부족한 실정이다. 〈우리말이 좋아요〉는 아이들이 일상생활에서 쉽게 접할 수 있는 언어와 비교적 편하고 쉬운 선율로 우리말의 소중함을 표현한 노래이다. 노래의 선율과 리듬을 반복적으로 사용하고 음폭도 크지 않은 편이라 몇 번만 들어도 노래를 쉽게 따라 부를 수 있다.

하지만, 이 노래를 만든 지도 10년이 넘은 터라, 그 당시 아이들이 자주 사용했던 인터넷 용어와 지금의 아이들이 흔히 쓰는 인터넷 용어가 다소 괴리감이 있어, '방가방가'와 같은 가사는 요즘 아이들이 자주 사용하는 다른 가사로 바꾸어 불러 보는 것도 의미가 있을 것이다. 또한 노래 가사 속에 '스물여덟 자'라고 표현한 것은 한글 창제 당시의 글자 수를 말한 것이니, 노래를 가르칠 때 이 점을 꼭 언급해 주시면 좋겠다.

아이들의 마음을 울리는 쉽고 간결한 노래 하나는 그 어떤 수업 자료나 그럴싸한 말보다도 커다란 힘을 발휘한다. 한글날을 맞이하여 아이들과 더불어 이 노래를 배워 본다면 무분별한 인터넷 용어와 외국어의 사용으로 인해 점차 황폐해져 가고 있는 우리말의 소중함을 나눌 수 있는 좋은 계기가 될 것이다.

 이렇게 불러 봐요

〈우리말이 좋아요〉의 전체적인 가사 구성은 인터넷 사용과 외국어의 유입으로 인해 잘못 쓰고 있는 우리말의 예와 그것을 바르게 고친 예가 적절하게 대구를 이루는 구성이다. 우리말을 잘못 사용하고 있는 예를 아이들과 함께 조사하여 '노래 가사 바꾸기'를 해 본다면 더욱 의미 있는 노래 부르기 활동이 될 것이다.

또한 맨 끝 단에 '미'와 '솔'이 세 번 반복되는 '우리말이 정말 좋아요'라는 가락을 아이들이 대체로 어려워하는 경향이 있으니 가락악기로 음을 정확하게 짚어 주며 지도하는 것이 필요하다.

마지막으로 '인터넷과 외국어'라는 가사의 멜로디는 16분 음표가 포함되어 있어 아이들이 정확하게 가사를 발음하지 못하는 경우가 많으니, 다소 느린 템포로 여러 번 반복하여 연습하는 것이 필요하다.

우리말이 좋아요

이호재 글, 곡

방가방가 라는 말이 뭐 야   반가워요 하면 되는 — 데

땡큐 라는 말은 또 — 뭐 야   고 마워요 하면 되는 — 데

세 종 대 왕 님 이   만 들 어 주신   스 물 여 덟 아름 다 운 우 리 한 글 —

인 터 넷 과 외국 어   틈 바구니 속 에   조 금 씩 멍 — 들 어 가 고 있 죠 —

빵 꾸 라는 이 상 한 말 보 다   구 멍 이 라하면 어 때 — 요

듣 기 좋 고 말 하기 도 편 한   우 리 말 이 정 말 좋 아 — 요

경운기

내가 만든 노래 중 가을 하면 생각나는 노래를 몇 곡 고르라면 가장 먼저 이 노래를 꼽을 수 있다. '노래로 그리는 교실' 5주년 기념 공연을 한창 준비할 때이니, 이 노래를 만든 지는 10년이 조금 넘었다.

전담을 맡고 있던 시절, 하루가 어떻게 가는지도 모르게 바쁜 요즘과 달리, 여유가 될 때마다 후배의 넋두리를 잘 받아 주는 선배 교사의 교실을 찾아 아이들 이야기를 자주 나누곤 했다. 그때 가을 게시판은 계절의 감성에 맞게 시화로 꾸미는 것이 유행했던 시기였는데, 알록달록하게 그려진 다른 반 시화를 구경하던 중, 유달리 '예진'이라는 아이가 쓴 시가 눈에 들어왔다. 시의 내용과 주변 상황을 잘 담은 그림도 그림이지만, 그냥 지나치기 쉬운 주변 사물에 대한 아이의 따뜻한 시선이 무척 신선하게 느껴졌다.

아마도 '예진'이라는 아이는 시골 할아버지 댁에 갔다가 우연히 타게 된 경운기가 무척 안쓰러웠던 모양이다. 세월의 흔적을 머금어 여기저기 녹이 슬고, 엔진 소리는 금세 숨이라도 넘어갈 듯 탈탈거리는 통에 불안한 마음이 가득했을 것이다. 그리고 정작 아이들의 달리기 속도보다도 느린 경운기를 보면서 실망도 했을 것이고, 한편으론 측은한 생각도 들었던 모양이다.

그래서일까? 예지는 시를 통해 할아버지의 녹슨 경운기가 고단함을 싣고 달리는 것이 아니라 행복이 가득 실려 있다고 표현하며, 울퉁불퉁한 논둑길임에도 아주 힘차게 달리고 있다고 정겨운 마음으로 칭찬해 주고 있다. 이 시를 보자마자 난 그 선배 교사에 주저하지 않고 말했다.

"선배, 이 시 저 해도 돼요?"

"이 선생, 이 시를 가진다니, 그게 무슨 말이야?"

"아, 이 시로 노래 한번 만들어 봐도 되냐고요."

"아, 내일 예진이가 오면 한번 물어보고 연락 줄게. 아마 예진이도 좋아할 거야! 본인이 작사가가 되는 일인데……."

다짜고짜 시를 가져도 되냐고 말하는 나의 요구가 적지 않게 당황스러웠을 선배는 그제야 내 말을 이해했고, 예진이가 승낙했다고 노래로 만들어도 좋다는 메시지를 보내왔다.

하지만 이 시로 노래를 만드는 과정은 순탄치 않았다. 그동안 만들었던 노래와 다르게 다소 서정적인 느낌이 강한 시라, 아이들이 부르기 쉽고 재미있게만 만들 수는 없는 노릇이었다. 그래서 기존에 내가 만들던 노래보다는 선율의 음폭도 심하고, 아이의 시에 표현된 의성어들을 적절한 리듬과 멜로디로 표현하느라 상당히 애를 먹었다. 한 가지 신기한 것은 이 노래의 중심 선율이 떠오르지 않아 일주일 넘게 악보를 그렸다 지우기를 반복했는데, 잠을 자려고 누운 새벽 3시에 갑자기 지금 이 노래의 멜로디가 떠올랐다는 점이다. 혹시 다시 잠들면 머리에서 하얗게 잊힐까 봐 얼른 컴퓨터 앞으로 가서 밤을 꼬박 새워 이 노래를 힘겹게 완성했던 기억이 떠오른다.

그렇게 완성한 악보를 그다음 날 곧바로 예진이에게 전달해 달라고 선배 반으로 보냈고, 예진이가 무척 뿌듯하고 행복해한다는 선배의 답장을 받았다. 이상하게 들리겠지만 그때는 내가 쑥스러워서 예진이의 얼굴을 한 번도 본 적이 없다. 가을날, 아이들과 이 노래를 부를 때면, 고운 시를 내게 선물로 준 얼굴 모르는 예진이가 새삼 고맙기만 하다.

 이렇게 불러 봐요

〈경운기〉는 A-B-A 큰 세 도막 형식이라 전체적으로 어렵지 않은 곡의 구조로 구성되어 있으나, 각 선율의 음폭이 다소 심하고 고음도 많은 탓에 아이들이 다소 부르기 힘들어하는 부분이 많다. 그래서 '가면서 탔던' '덜커덩 덜커덩', '논둑길 위를' 부분은 가락악기로 천천히 음을 짚어 주며 여러 번 들려주는 것이 필요하다.
또한 여섯째 단의 '경운기'라는 가사의 음은 가장 높은음이 반복되는 부분이라 '힘차게'라는 가사 다음에 충분히 호흡을 모은 뒤, 스타카토로 강하게 끊어 부르도록 지도해야 한다.
또한 '탔던'이나 '내도'와 같이 점 4분 음표 두 개로 구성된 가사에서 두 번째 가사의 리듬을 앞으로 당겨서 부르는 경향이 있으니, 여유를 가지고 정확한 리듬을 낼 수 있도록 반복해서 들려주는 것이 좋다.

경운기

신예진 글, 이호재 곡

감 따라 가면서 탔 던 덜 커덩 덜커덩 경 운 기

풀 숲에 메뚜기 한 마리 폴 짝도 망을가 네

아 무리 속도를 내 도 느 림보 아저씨 경 운 기

천 천히 뜀박질 하 여도 금 세따 라잡겠 다

녹 슬 어 가 는 짐 칸위 에다 행 복을 가득싣 고

울 퉁불 퉁한 논 둑길 위를 힘 차게 달리는 경 운 기

무서운 이야기에 대처하는 아이의 모습이 담긴

귀신 이야기

"선생님, 그런데 칠판에 적힌 저 숫자는 뭐예요?"

우리 교실 칠판 오른쪽 상단에는 항상 숫자가 적혀 있다. 새 학년을 시작하는 첫날부터 적혀 있는 숫자를 며칠 동안 무심코 넘기다가, 일주일이 지나기 전에 꼭 한 아이가 그 숫자의 정체를 묻곤 한다.

"아, 그거? 선생님이 너희들에게 일 년 동안 들려줄 이야기 개수야!"

"그럼, 이야기를 100개나 들려주신다는 말씀이세요?"

"그래! 단 너희들이 수업을 잘해서, 수업 시간이 빨리 끝날 때만 들려줄 거야."

미리 아이들에게 숫자의 정체를 밝히지 않고, 궁금해 하는 아이들이 묻고 나서야 이야기를 100가지 들려주겠다고 공언하면 '와'하는 탄성과 함께 아이들의 눈은 어느새 반짝반짝 빛난다. 사소한 일 하나에도 그 나름의 의미를 부여하면 아이들도 학교 오는 재미가 하나 더 생기는 경우가 많아 신규 교사 시절부터 쭉 사용해 오는 방법이다.

아이들은 수업 시간에 이야기 듣는 걸 무척 좋아한다. 옛이야기, 무서운 이야기, 웃긴 이야기 등 이야기의 내용이나 종류를 가리지 않는다. 나 또한 이야기에 호기심을 가지고 귀를 쫑긋 세우는 아이들이 모습이 예뻐서 아이들에게 이야기 들려주는 것을 즐긴다.

우리 반 '재욱이'란 아이가 이 노래의 가사를 일기에 적은 15년 전에도 그랬다. 평소보다 수업이 10여 분 일찍 끝나 아이들의 성화에 못 이겨 옛날이야기 하나를 들려주었다. 그날 마침 비가 오고, 주위도 어두컴컴해서 어렸을 때 '전설의 고향'에서 봤던 구미호 이야기를 들려주었는데, 이제 3학년인 재욱이에게는 그 이야기가 꽤나 충격적이었나 보다. 나의 이야기는 '쿵쾅'대는 마음을 다잡으며 그럭저럭 넘겼는데 더 심각한 상황은 그다음에 벌어졌다. 재욱이 바로 뒤에 앉은 영진이가 내가 들려준 무서운 이야기에 한껏 고무된 나머지 그 당신 유행하던 '빨간 마스크' 이야기를 쉴 새 없이 읊었던 모양이다. 그 이후로는 영진이가 말한 빨간 마스크 귀신이 꼭 자신을 따라오는 것 같아 재욱이는 하루 종일 무서움에 떨어야 했다. 집으로 가는 골목길에서도, 심지어는 잠들기 전 자기 방 천장에서도 그 귀신이 웃고 있었다고 하니, 재욱이의 일기를 처음 읽었을 때는 안쓰러운 생각이 들었다.

하지만, 이 노래 여섯째 단에 나오는 '가만히 귀를 막고 마음속으로 안 들린다 해야겠다.'라는 가사를 보고 있노라면, 이러지도 저러지도 못해 곤혹스러워하는 재욱이의 귀여운 모습이 떠올라 자연스럽게 미소가 지어졌다. 지금 생각해 보면, 영진이를 피해 다른 곳으로 가거나 자신에게 들리지 않도록 딴 자리에 가서 이야기해 달라고 말하면 될 것을, 왜 그 자리에 그대로 앉아 영진이 이야기를 끝까지 듣고 있었는지 재욱이의 행동이 이해가 되지 않았다. 아마도 밤이 되면 마스크를 쓰고 돌아다니며 '나

예뻐?'라고 물어본다는 빨간 마스크 괴담이 무섭긴 해도 자신도 모르게 귀를 쫑긋 세울 만큼 재욱이의 호기심을 자극했나 보다.

〈귀신 이야기〉는 무서운 이야기를 듣고 난 후 아이들이 느꼈을 불안하고 조마조마한 심정이 솔직하게 잘 담겨 있는 곡이다. 온 작품 읽기나 옛이야기에 대한 관심이 그 어느 때보다 높아진 지금, 아이들에게 재미있는 책을 읽어 주거나 이야기를 들려줄 때의 전후로, 이 노래를 함께 배우며 재욱이의 복잡한 감정에 함께 동화되어 보는 것도 아이들과 즐거운 일상을 가꾸는 데 많은 도움이 되리라 생각한다.

 이렇게 불러 봐요

〈귀신 이야기〉는 저학년들이 부르기에도 어려움이 없도록 같은 음이 계속 반복된 선율이 많고, 8분 음표를 반복적으로 사용한 리듬이 많다. 그리고 소리나 모양을 흉내 내는 말이 많은데, 말이 주는 재미를 생각하며 실감 나게 부르도록 지도한다면 생동감 넘치는 노래 부르기 활동이 될 것이다.

다섯째 단에 나오는 '장난꾸러기 영진이가'라는 부분에선 단조로운 리듬에 변화를 주고, 아이의 일기 표현을 그대로 살리기 위해 제한적으로 16분 음표를 사용하였으니, 앞서 나오는 비슷한 리듬과 번갈아 가며 들려주면서 아이들이 헷갈리지 않도록 지도해야 한다.

또한, 둘째 단과 여섯째 단의 셋째, 넷째 마디는 음폭이 다소 심하고, 갑자기 올라갔다 순차적으로 내려오는 선율로 구성되어 있으니, 계이름으로 이 부분을 충분히 연습한 후 노래를 불러 보면 좋을 듯하다.

귀신 이야기

김재욱 글, 이호재 곡

친구들이들려주는 귀 신 이 야 기 너 무 나 도 무 ― 서 운 이 야 기

불쑥불쑥떠오르는 귀 신 생 각 에 가 슴 ― 이 콩 ― 닥 콩 닥

집 에 오 는 골 목 길 등 뒤 를 졸 졸 따 라 오 는 건 아 닐 까

잠 을 자 는 나 의 방 천 장 위 에 서 웃 고 있 는 귀 신 의 얼 굴

장 난 꾸 러 기 영 진 이 가 내 일 또 다 시 무 서 ― 운 귀 신 얘 기 하 면 은

가 만 ― 히 귀 를 막 고 마 음 속 으 로 안 들 린 다 해 ― 야 겠 다

아이들의 개성 넘치는 표현이 돋보이는

이 빠진 날

"선생님, 이가 많이 흔들려요! 이제 곧 빠질 것 같은데요?"

"그래? 혹시 지금 흔들리는 이가 처음 빠지는 이빨이니?"

"잘 모르겠어요. 그런 것 같기도 하고, 아닌 것 같기도 하고······."

이가 자주 빠지는(?) 1학년 아이들과 생활하다 보면 흔하게 오가는 대화이다. 유치나 영구치라는 말을 잘 알지 못하는 1학년들이 이빨이 흔들린다고 하면, 처음 빠지는 이빨인지, 아니면 전에 났던 이빨인지부터 묻는다. 밥을 먹다가도 이빨이 '툭' 빠져 버리는 아이들을 보면 가슴이 '철렁' 내려앉다가도, 처음 빠지는 이빨이란 말을 듣고 나서는 안도의 미소를 짓곤 한다.

아이들과 이빨과 관련된 이야기를 나눌 때 어김없이 떠오르는 노래가 바로 〈이 빠진 날〉이다. 〈이 빠진 날〉은 지금으로부터 14년 전, 5학년을 맡고 있을 때, 우리 반 소정이가 쓴 일기를 보고 만든 노래이다. 평소 매우 얌전한 '소정이'라는 아이가 어디가 많이 불편해 보여서 왜 그러냐고 물었더니, 이가 심하게 흔들린다고 이야기했다. 보건실 가서 빼고 오랬더

156

니, 아버지께서 자연스럽게 빠질 때까지 기다리라고 했다면서 끝내 보건실에 가지 않는 것이었다. 혀를 요리조리 굴리며 계속 인상을 쓰고 있는 모습이 안쓰러울 정도였는데, 며칠 내내 소정이를 괴롭히던 이빨은 그날 저녁이 되어서야 빠진 모양이다.

마지막 유치가 빠진 그날의 소중한 경험은 어김없이 소정이의 일기장에 실렸다. 이 노래에는 흔들리는 이빨을 혀끝으로 만지작거리며 초조하게 빠지기만을 기다리는 아이들의 순수한 마음이 사실감 있게 잘 드러나 있다. 그리고 이가 빠지고 난 뒤의 허전하고도 홀가분한 심정을 '입안이 빈집처럼 텅텅 빈 것 같구나!'라고 자신만의 느낌으로 개성 넘치게 표현하고 있다.

이 노래를 들으면 누구라도 '나도 소정이처럼 저랬지?'라는 생각이 저절로 들 정도로, 가사에 담긴 기발한 표현은 이빨이 빠질 때의 어린 시절 추억을 한 번씩 더듬어 보게 한다. 나도 어린 시절을 가만히 떠올려 보면, 실을 이용해 이빨을 빼던 기억이 대부분인데, 언제 빠질지 모르게 아슬아슬하게 매달린 이빨을 혀로 많이도 밀어냈었다.

만약에 내가 직접 이 노래의 가사를 썼다면 네 줄밖에 되지 않는 짧은 글 속에, 이처럼 아이의 마음을 생생하게 표현해 내지는 못했을 것이다. 아마도 겁난다는 식의 표현만 지루하게 이어가다 마치거나, 아예 어른들의 뻔한 잔소리처럼 치아의 소중함만 늘어놓으며 노래를 훈훈하게(?) 마무리 지었을지도 모른다.

아이라서 경험할 수 있고, 아이라서 솔직하게 표현할 수 있는 가사는 노래를 부르는 아이들에게도 많은 즐거움과 재미를 준다. 비록 어딘지 모르게 어설프고 생뚱맞은 표현들이 자주 등장하기도 하지만, 자신의 경험과 생각이 그대로 담긴 노래를 만날 때 아이들의 얼굴에도 새로운 활력과 생동감이 넘쳐 난다.

어른들에게 이를 뺀다는 의미는 소중한 것이 완전히 없어지는 소멸을 뜻하지만, 아이들에게는 새로운 탄생에 대한 기대와 바람이 담긴 성장통과 같은 것이다. 그래서 '이 빼기'는 아이들에게 여전히 무섭게 느껴지는 일이긴 해도, 하루가 다르게 자라고 있는 아이들의 건강한 성장을 직접 관찰할 수 있는 기분 좋은 변화이다.

푸르게 피어나는 나무와 꽃들이 저마다의 옷으로 갈아입고, 갖가지 곡식과 과일들이 풍성한 수확을 기다리는 10월, 아이들의 솔직한 생각과 마음이 담긴 이 노래를 함께 부르며, 하루하루 자기만의 색깔로 자라는 아이들의 성장을 함께 축복했으면 한다.

 이렇게 불러 봐요

〈이 빠진 날〉은 자진모리장단의 밝고 경쾌한 리듬으로 구성되어 있어, 장구를 치면서 아이들과 부른다면 노래의 맛과 흥을 살릴 수 있다. 특히, '내 생각엔 금세라도'나 '혀끝으로 조심스레'와 같은 가사는 의도적으로 자진모리장단의 일부분을 그대로 사용했으니, 노래를 배우기 전에 기본 장단을 익히는 것도 노래를 수월하게 배우는 데 많은 도움이 될 것이다.

그리고 이 노래에는 둘째 단의 '놔두란'이나, '빠질 것'과 같이 셋잇단 음표가 여러 번 등장하는데, 아이들이 평소 잘 접하지 못하는 생소한 리듬인 만큼 손뼉치기를 통해 가사의 리듬을 정확하게 익히는 것이 중요하다.

또한, 셋째 단과 넷째 단 맨 처음에 나오는 '라' 음은 민요의 '떠는음'을 표현해 주듯이 약간 힘을 실어 얇게 떨면서 부르는 것이 좋다.

이빠진 날

자진모리장단

여소정 글, 이호재 곡

아침부 —터 송 —곳 니 가 빠 질 랑 말 랑 빠 질 랑 말 랑

아 버지 —는 빼 면 안 된다 건 들 지 말 고 그 냥 놔두란다

내 생각 엔 금 세 라도 빠 질 것 같 아 서 혀 끝 으 로 조 심 스 레 쓱 쓱 밀 —어 봤 더니

툭 —하 고 떨 어 지 는 아 까 운 내 이 빨 입 —안 이 빈 집 처 럼 텅 텅 빈 —것 같 구 나

학급 일상 활동에 활용하는 노래

1. 〈생일 축하 노래〉

이 노래는 한 달에 한 번 있는 학급 생일잔치 때 부르는 노래이다. 보통 아이들이 많이 부르는 느린 빠르기의 생일 축하곡 대신, 대학 때 친구들 생일 때마다 불러 주던 노래가 생일잔치의 흥겨운 분위기에 어울려, 가사를 조금 개사해서 지금껏 사용하고 있다. 노래의 맨 처음 나오는 '개똥이'라는 이름은 생일을 맞은 아이의 이름이나, '친구들'이라는 가사로 바꾸어 부르도록 해야 한다.

2. 〈아침 독서 로고송〉

요즘 들어, 수업 시작 전 아침 활동으로 책 읽기를 하고 있는 학교가 많아졌다. 나도 예전에는 다양한 주제의 아침 활동이 마냥 좋은 줄 알고 이것저것 많이 시도했지만, 차분하게 하루를 열어 나가기엔 독서만 한 게 없다. 아침부터 교사의 잔소리나 지시보다는 정감이 넘치는 노래로 독서 시작을 알린다면 아침의 독서 분위기도 한결 따뜻하고 차분해질 것이다.

이 노래는 가수 '자전거를 탄 풍경'이 부른 곡으로 아침 독서 운동의 4원칙 '모두 읽어요, 날마다 읽어요, 좋아하는 책을 읽어요, 그냥 읽기만 해요'를 그대로 담고 있으며, 노래 시작 전에 나오는 나지막한 목소리로 녹음된 내레이션은 우리 학교 방송부 아이의 음성으로 직접 녹음해 활용해 오고 있다.

3. 〈교실 환기 송〉

에어컨이나 난방 사용이 급증하는 여름이나 겨울에는 적절한 교실 환기가 아이들 건강을 위해 필수적이다. 하지만, 교사가 생각날 때마다 하는 환기는 지속성이 없어 큰 효과를 거두기 힘들다. 그래서 난, 방송 시종을 노래로 대신하는 방법을 학교에 제안하거나, 2교시 수업이 끝나면 이 노래를 부르며 환기를 하도록 아이들과 약속하여 운영하고 있다.

7월의 노래에 소개된 〈문을 열어〉가 중·고학년에 적합한 노래라면, 여기서 소개하는 〈창문을 열어 주세요〉는 재미있는 가사로 인해 저학년들이 무척 좋아하는 노래이다. 제주에서 아이들과 노래를 활발하게 나누고 계신 강수호 선생님이 노래를 만들고, 부산에 계시는 정자연 선생님이 이 곡을 불렀다. 앞서 언급한 적이 있지만, 환기 송을 부르며 창문을 열기 전에는 반드시 미세먼지 농도를 먼저 확인하는 것이 필요하다.

4. 〈급식 먹기 송〉

학교에서의 일과 중 가장 기다리는 시간을 꼽으라고 하면, 아마 많은 아이들이 점심시간을 꼽을 것이다. 주간 학습 계획을 게시하지 않았을 때는 아무 말도 안 하던 아이들이 달이 바뀌었는데도 식단표를 교체하지 않으면 난리가 난다. 그만큼 그날 먹는 급식에 대한 관심은 대단하다.

'밥을 먹자, 밥을 먹자 밥! 밥! 밥!'이라는 가사로 시작되는 〈급식 먹기 송〉은 중독성이 있는 멜로디로 아이들의 급식에 대한 애정을 듬뿍 담아 만든 노래이다. 아이들이 돌아가며 그날 식단표를 확인하여 '오늘 반찬 무얼까?' 가사 다음에 오늘 나오는 반찬 이름을 넣어 부르면 보다 활기찬 점심시간이 될 것이다.

5. 〈수업 시작 송〉

쉬는 시간 이후, 어수선한 분위기를 하나로 모으고, 아이들과 교사가 정겨운 마음으로 수업을 맞이할 수 있는 노래이다. 교사가 굳이 '차렷'이나 '무릎 손'과 같은 경직된 지시를 하지 않아도, 노래를 따라 부르다 보면 바른 자세로 교사를 바라보도록 가사가 구성되어 있다.

'쉿'이나 '눈', '무릎에', '펴고'와 같은 가사에서는 어울리는 동작을 표현하거나 구호를 외치듯 부르는 것이 좋고, 맨 끝에 나오는 '눈'이라는 가사는 반을 지칭하는 말이나 반에서 사용하는 다른 구호로 바꿔 불러도 상관없을 것이다.

6. 〈모둠 이동 송〉

주어진 학습활동에 맞는 모둠을 구성할 때 부르면 좋은 노래이다. 노래가 흘러나오면 자연스럽게 모둠을 구성하도록 아이들과 약속을 해 놓으면, 교사가 말로 지시하는 것보다 훨씬 정겨운 분위기 속에서 모둠을 구성할 수 있다.

노래가 끝나기 전 모둠을 구성해야 한다는 이 곡의 가사가 은근히 아이들의 승부욕을 자극해서인지, 딴짓을 하지 않고 빠르게 모둠을 구성하는 편이고, 노래가 끝나기 전에 모둠

배치를 실패했을 때 재미있는 벌칙을 받아야 한다는 가사도 아이들에게 색다른 즐거움을 선사한다.

7. 〈다시 만나요〉

모든 수업을 마치고, 집으로 돌아가는 아이들의 얼굴에는 아쉬움보다는 즐거움으로 가득 차 있다. 그건 아마도 지루하게 반복되는 수업을 마쳤다는 안도감도 있겠지만, 내일이 되면 어김없이 친구들을 다시 만날 수 있다는 확신과 믿음이 있기 때문일 것이다.

〈다시 만나요〉는 빡빡한 학교 일정 속에서 오늘 하루도 건실하게 생활한 서로를 격려하고, 보다 활기찬 내일을 다짐하는 가사로 구성되어 있다. 노래의 맨 마지막은 학급 구성원끼리 나누는 인사말로 이루어져 있어, 하루 일과를 마치고 아이들과 헤어질 때 부르는 노래로 제격이다.

QR코드 앱으로 왼쪽 그림을 찍은 후, 링크된 주소로 이동하시면, 위에 소개된 학급 일상 활동에 활용하는 노래의 동영상 자료나 음원을 다운 받으실 수 있습니다.

늘 푸른 사계절 노래 이야기

11월

우리가 주인

11월은 잘못된 '데이 문화'에 대해 함께 이야기를 나눌 수 있는
'빼빼로데이'가 있는 달이기도 하고, 자기 삶과 학교에 대한 자긍심을 키워 주면
좋을 듯해서 '우리가 주인'이라는 주제로 노래를 엮어 보았다.

우리가 만드는 빼빼로데이

요즘 초등학생들이 가장 많이 고대하는 기념일은 언제일까? 그날은 학교에 안 가도 되는 공휴일도 아니고, 만들어진 유래가 확실하다거나 특별한 가치나 의미를 지니고 있는 날도 아니다. 그건 바로 '11월 11일'이라는 날짜를 지칭하는 숫자가 특정 제과 회사에서 판매하는 과자와 생긴 모양과 비슷하다고 해서 붙여진, 일명 '빼빼로데이'다.

〈우리가 만드는 빼빼로데이〉라는 노래를 만들어 아이들과 부르기 시작한 2005년에도, 11월 11일만 되면 거의 대부분의 초등학교가 무슨 커다란 축제라도 벌어진 양 술렁이기 시작했다. 아이들은 생전 처음 들어보는 제과 회사 로고가 새겨진 각양각색의 빼빼로를 들고 교실 이곳저곳을 기웃거리기 시작하고, 학부모들은 아이들의 성화에 못 이겨 어쩔 수 없이 빼빼로를 박스 채 배달하는 진풍경도 벌어졌다.

상황이 심각하다 싶어, 아이들이 빼빼로를 사는 데 쓴 돈을 함께 조사해 보니, 30만 원을 훌쩍 넘는 것이 아닌가. 빼빼로를 하나도 사지 않은 아이들까지 감안하면, 아이 한 명당 만원이 넘는 돈을 친구에게 줄 빼빼로를 산다고 써 버린 것이다. 이때 아이들과 함께 조사한 결과를 그래프로 보여 주며 나눈 토론을 바탕으로 만든 노래가 바로 〈우리가 만드는 빼빼로데이〉이다.

〈우리가 만드는 빼빼로데이〉의 화자를 빼빼로를 하나도 못 받은 아이로 설정한 것도 그 당시 수업 중에 아이들과 나눈 토론에서 힌트를 얻었다. 대부분의 아이들이 빼빼로데이가 필요하다는 취지로 찬성 의견을 이어가고 있을 즈음, 우리 반에서 가장 조용하던 한 아이가 가만히 손을 들고 이야기를 꺼냈다.

"선생님, 대부분의 아이들이 빼빼로를 받고 기분 좋아하는데, 하나도 못 받은 저 같은 아이의 마음은 어떨까요?"

그 아이의 한마디에 들떠 있던 분위기가 싹 가라앉았고, 일순간 대부분의 아이들이 조용해졌다. 자신도 그 입장이 될지 모르는 상황에서 그 아이의 질문에 누구 하나 개운한 답을 내놓기 힘들었을 것이다. 사실 쉬운 일이 아니었을 텐데, 용기를 내어 자신의 착잡한 심정을 고백해 준 아이를 칭찬해 주고 싶어 이 노래를 만들었다.

그 일이 있은 후, 빼빼로데이가 되면 〈우리가 만드는 빼빼로데이〉를 함께 부르고, 노래가 만들어지게 된 배경을 아이들에게 들려준다. 다행스럽게도 진심을 다해 말하니 아이들도 내 마음을 헤아려 교실에서만큼은 빼빼로를 주고받지 않는다는 결정에 마음을 모아 동참해 주었다. 물론 아이들 중에는 몰래 빼빼로를 전달하려다 들켜서 말도 안 되는 변명을 하는 아이들도 있다. 하지만, 빼빼로를 들고 오면 모든 아이들이 나눠 먹는다는 약속을 이미 한 터라, 그 아이에게는 마음만 전달하고, 빼빼로는 다 함께 나눠 먹는다.

요즘은 많은 선생님들이 빼빼로를 들고 오지 않도록 며칠 전부터 강조를 해서인지 예전에 비해 그런 분위기는 훨씬 덜한 편이지만, 선생님들의 눈을 피해 빼빼로를 친구에게 전달하려는 아이들의 눈치 작전은 여전하다.

〈우리가 만드는 빼빼로데이〉는 특정한 날이면 반복적으로 벌어지는 상황이 안타까워, 빼빼로데이에 대한 체계적인 지도를 할 목적으로 다분히 의도성을 가지고 만든 노래이다. '빼빼로데이'라는 말에 이미 내포된 상업성도 문제지만, '내 책상엔 없는 빼빼로', '외톨이가 된 하루'라는 가사에서 알 수 있듯이, 그로 인해 상처받고 소외받는 아이들이 생긴다는 것이 더 큰 문제이다.

〈우리가 만드는 빼빼로데이〉는 소외되는 아이들 없이, 학급 친구들 모두가 행복한 날로 만들어 보자는 학급 공동체에 대한 작은 바람을 담고 있는 노래이다.

 이렇게 불러 봐요

〈우리가 만드는 빼빼로데이〉의 시작은 쉽고 단순하지만, 중독성 있는 멜로디로 마치 빼빼로를 광고하는 로고송처럼 들리도록 만들었다. 하지만, '눈 씻고 찾아봐도 내 책상엔 없는 빼빼로' 부분부터 반전을 이루며, 빼빼로를 받지 못한 아이의 심정을 구구절절하게 표현하고 있으니, 노래 가사가 지닌 의미부터 살펴보고 노래를 불러 보는 것이 좋다.

4분 음표가 반복되는 간단한 리듬으로 구성되어 있으며 가락의 진행이 대체로 단순하고 음폭도 높지 않아 악보 없이도 노래를 지도하는 데 큰 어려움이 없을 것이다. 노래를 배울 때 '빼'라는 말이 계속적으로 반복되는 후렴구와 '쿡쿡'과 같은 재미있는 표현을 보다 강조하여 부른다면 노래의 분위기를 살리는 데 많은 도움이 될 것이다.

우리가 만드는 빼빼로데이

오늘은 우리가 주인공

학예회 하는 날

해마다 11월이 되면 학교는 학예회 준비로 분주하다. 학예회를 개최하는 방식이나 형태는 학교의 여건이나 상황에 따라 각각 다르다. 학급별로 한두 종목을 준비하여 전체 학예회를 개최하는 곳도 있고, 학급 수가 많아서 학년별로 학예회를 준비하는 곳도 있다. 학교에 강당이 없는 이유로, 아이들에게 더 많은 공연의 기회를 주기 위한 이유 등으로, 학급별로 학예회를 실시하는 곳도 많다. 어떤 형태가 되었든 교사들에게 학예회는 큰 부담일 수밖에 없고 많은 준비가 필요한 행사이다.

그런데 아이들에게는 어떨까? 저마다 관심을 가지는 영역이나 종목은 다르겠지만, 평범한 아이들이 자신의 재주나 끼를 제대로 된 무대에서 펼쳐 보일 수 있는 거의 유일한 기회라, 아이들은 행사 자체에 대한 호감에 상관없이 꽤 많은 신경을 쓰는 편이다.

이 노래를 만들었던 2008년의 가을도 그러했다. 그때 근무했던 학교는 변변한 강당이 없어서 어쩔 수 없이 학급별로 학예회를 진행해야만 했다. 아이들에게 각각 자기에게 맞는 종목을 선정해서 제대로 연습할 시간을 확보해 주기 위해, 2학기를 시작할 때부터 자신이 공연할 프로그램 신청을 받았다. 그런데 종목을 2~3번 바꾸는 것은 기본이고, 점심시간마다 도와달라고 성화인 아이들 때문에 제대로 쉴 틈도 없었다. 그래 봐야 부모님 한두 분이 참석하셔서 관람하거나 같은 반 친구들이 보게 될 텐데, 유달리 그해 아이들은 학예회에 많은 애정을 쏟았다.

그 아이들 중, 내가 가장 신경이 쓰였던 아이가 한 명 있었는데, 어렸을 때 손을 다쳐 한 손을 제대로 쓰지 못하는 아이라 리코더와 같은 악기를 연주하는 것이 어려웠고, 도구를 사용해서 하는 연극도 어려움이 많았다. 그래서 그런지, 종목을 정하기 분주한 아이들 속에서 유독 그 아이만 표정이 어둡고 말이 없었다.

"이번에 마술을 해 보지 않을래? 선생님이 도와줄게!"

"제 손이 불편해서 마술은 어렵지 않을까요?

"굳이 손을 쓰지 않아도 돼. 선생님이 네게 소개할 마술은 머리로 하는 마술이거든! 넌 수학을 잘하니 이 마술을 하면 정말 멋질 것 같은데?"

"그런데 전체 합주에서 저는 뭘 하죠? 전 리코더도 하모니카도 불기 어려운데."

"그럼, 큰 북을 맡으면 되겠다. 전체 빠르기를 이끌어 가는 악기라 리듬감이 뛰어난 네가 해 주면 선생님은 좋을 것 같은데?"

그렇게 나와 이야기를 나누고 나서야 아이는 비로소 환한 미소를 지었고, 아이들이 없는 틈을 이용해 그 당시 유행했던 숫자 마술과 마술 연수에서 배워 온 마술 중 반응이 좋은 '관객 참여형' 마술 하나를 연습했다. 그렇게 꾸준히 마술을 연습한 아이는 많은 사람들 앞에서 자신의 실력을 멋지게 선보였고, 학부모님과 친구들은 손이 불편한 상황에서도 최선을 다한 아이에게 뜨거운 박수갈채를 보냈다.

기악합주부터 연극까지 무려 16개 종목에 걸쳐 자신의 끼와 재주를 발산하기 위해 분주하게 움직였던 그해 아이들에게 작은 선물이라도 주고 싶었던 걸까? 아이들의 열정적인 모습을 담은 〈학예회 하는 날〉이라는 곡을 만들어, 모든 아이들이 이 노래를 부르며 학예회 첫 무대를 열었다.

얼마 전, 1학년 꼬마들과 엮은 학예회에서도 첫 시작을 이 노래로 열었는데, 〈학예회 하는 날〉을 부를 때마다 화려한 조명도, 그 흔한 마이크도 없는 상태에서도 옹골차게 자신의 무대를 채워 준 아이들의 얼굴이 떠올라 가슴이 뭉클해진다.

 이렇게 불러 봐요

〈학예회 하는 날〉은 '울그락', '불그락'과 같이 세 글자의 재미있는 의성어, 의태어가 반복적으로 들어가 있는 노래이다. 굳이 시키지 않아도 아이들이 그렇게 부르는 경우가 많겠지만, 마치 구호를 외치듯 이 부분을 더욱 강조해서 부르면 노래의 활기찬 분위기를 살리는 데 많은 도움이 된다. 또한 '울그락'은 남자아이들만, '불그락'은 여자아이들만, '내 맘이 떨려 오는 이유는'은 함께 부르는 식으로 파트를 나누어 부르면 아이들이 의외로 재미있게 노래 부르기 활동에 참여한다.

그리고, '노래 속에 맺혀 있는 땀방울'이나 '우리의 꿈이 펼쳐지는 날' 다음에는 '야'나 '와' 같은 구호를 넣어 부르는 것도 노래의 생동감을 더해 주는 좋은 방법이다.

마지막으로 다른 부분에 비해 셋째 단과 넷째 단은 멜로디가 아이들에게 익숙하지 않고 음폭이 다소 큰 편이니, 처음부터 정확한 음정으로 들으며 노래를 익힐 수 있도록 세심한 관심이 필요하다.

학예회 하는 날

이호재 글, 곡

울그락 불그락 콩콩콩 쿵쿵쿵 내 맘이 떨려오는 이 유 는

오늘은 즐거운 학예회 하는 날 친구들 숨은 장기 보 는 날

연습을 하며 너무 힘들어 다투는 일도 많았지 — 만

교실에 가득 울려 퍼지는 노래 속에 맺혀있는 땀 방 울

하하하 호호호 헤헤헤 히히히 내 맘이 밝아오는 이 유 는

오늘은 즐거운 학예회 하는 날 우리의 꿈이 펼쳐 지 는 날

낙엽

부모님과 함께 산을 오른 가을 날, 낙엽이 많이 쌓인 한적한 오솔길을 걷는다면 아이들은 어떤 느낌이 든다고 말할까? 아마도 대부분의 아이들이 쓸쓸하고 고독하며 낭만적이라고 말할지도 모른다.

때로는 깊어 가는 가을 분위기 탓에 이사 간 친구가 생각나거나, 자신도 모르게 옛 추억에 잠긴다는 아이도 있을 것이다.

하지만, 이 노래의 가사를 기꺼이 내어 준 '주호'와 같은 아이도 있다. 낙엽을 밟을 때 나는 소리가 자신이 좋아하는 음식이 내는 소리 같다는 아이! 그래서 이 아이의 상상 속에서는 낙엽 밟는 소리가 삼겹살 익는 소리가 되기도 하고, 콩나물 썹는 소리가 되기도 하며, 김치전 굽는 소리가 되기도 한다.

아마도 주호는 모처럼 맞이한 주말, 부모님의 손에 이끌려 원치 않게

산에 올랐을 것이고, 알록달록하게 물든 가을 산의 정취를 감상할 여유도 가지지 못할 정도로 힘이 들고 배도 많이 고팠던 모양이다.

〈낙엽〉은 앞서 소개한 〈경운기〉와 마찬가지로 전담을 맡았던 시절 6학년 어느 게시판에 붙은 시화를 구경하던 중 인상 깊었던 한 아이의 시에 곡을 붙인 노래이다. 공교롭게도 그 시를 썼던 '주호'라는 아이가 바로 전년도에 우리 반이기도 해서 더욱 반가운 마음으로 이 글에 곡을 붙여도 되겠냐고 물어봤던 기억이 난다. 한편으론 우리 반일 때는 이렇게 번득이는 글을 좀처럼 내놓지 않더니, 다른 학년이 되어서야 내어놓는 주호가 솔직히 조금은 야속하기도 했다. 하긴 주호의 마음이 문제가 아니라 솔직하고 개성 넘치는 생각을 발산할 수 있도록 도와준 담임 선생님의 능력 덕분에 나오게 된 글이니 누굴 탓할 수 있겠는가?

〈낙엽〉을 아이들과 부를 때면 솔직하게 시를 써 준 주호와 더불어 생각나는 아이가 한 명 더 있다. 그건 바로 〈낙엽〉을 사람들 앞에서 처음 불러 준 '윤성이'라는 아이다.

"이번 공연 때 이 노래의 독창은 윤성이가 하는 거다!"

"네? 제가요?"

'제4회 노래로 그리는 교실' 공연을 준비하며, 한 남자아이에게 유일한 독창 파트를 해 줄 것을 부탁하니, 아이가 놀라면서 되물었다. 그도 그럴 것이 자신보다 노래를 잘하는 다른 학생도 많은데, 변성기로 인해 고음 내기 힘들어지기 시작한 자신에게 중요한 역할을 맡기는 이유를 선뜻 이해하지 못했을 것이다.

"그래, 이 노래가 세상에 처음 선을 보이는 자리인 만큼, 노래에 맞는 목소리를 지닌 윤성이가 꼭 불러 주면 좋겠다. 이 노래가 남자아이의 시에 곡을 붙인 노래이기도 해서 말이야!"

그 말에 윤성이는 자신이 선정된 이유를 또다시 묻지 않았다. 그 대신, 이 노래가 자신의 몸에 꼭 맞을 때까지 시간이 날 때마다 노래를 부르고 또 부르며 연습했다.

공연 당일, 윤성이가 긴장한 듯 나에게 물었다.

"선생님, 제가 잘할 수 있을까요?"

"음이 이탈해도 좋고, 실수를 해도 좋으니, 그냥 즐겁게 불러. 너의 흥과 즐거움을 관객들이 느낄 수 있도록!"

이야기는 그렇게 했지만, 막상 아이가 많은 관객 앞에서 주눅 들 것이 염려되어, 지인 두 명에게 아이가 노래를 부를 때 추임새를 넣어 가며 크게 호응해 달라 부탁을 드렸다. 공연이 시작되자 아이는 링크된 영상처럼 멋지게 노래 불렀고, 공연에 참가한 사람들의 기억 속에 가장 기분 좋고 유쾌한 장면으로 남았다. 내가 한 거라곤, 윤성이가 주눅 들지 않고 즐겁게 노래할 수 있도록 따뜻한 말 한마디 건넨 것밖에 없는데 말이다.

 이렇게 불러 봐요

〈낙엽〉은 부르는 아이들이 재미있는 가사에 보다 집중할 수 있도록 비교적 쉽고 간결한 리듬과 선율을 사용하고 있다. 특히 셋째 단과 넷째 단에서는 전통 가락의 느낌이 나도록 '파'나 '시' 음을 사용하지 않고, 5음계로만 멜로디를 구성했으니 아이들에게 이 점을 알려 준 후 노래를 부르면 더욱 신선한 느낌을 줄 것이다.
'콩나물 씹는 소리'나 '내 마음 타는 소리' 부분의 멜로디나 리듬이 다른 가사에 비해 다소 어려운 편이니 몇 번 반복해서 불러 주는 것이 필요하다. 또 전체적인 곡의 빠르기가 유튜브에 탑재된 영상보다 빨라지거나 느려지면 노래 부르는 느낌이 다소 어색할 수 있으니, 적정한 빠르기를 유지하면서 부르도록 해야 한다.

낙엽

박주호 글, 이호재 곡

낙 엽 많은 곳 — 을 걸 어 — 다 니 면

여 러 가 지 맛 있 는 소 리 — 가 난 다

삼 겹 살 익 는 소 리 콩 나 물 씹 는 소 리

김 치 전 굽 는 소 리 내 마 음 타 는 소 리

그 — 래 서 낙 엽 을 살 며 시 밟 으 면

나 도 몰 래 꼬 르 르 배 고 — 파 진 다

어른들에 대한 절실한 외침을 담은

나도 할 말이 있어요

'노래'라는 문화가 사람들에게 감동을 주는 이유는 자신과 비슷한 경험을 담고 있거나 자신의 마음을 대변해 주는 듯한 가사를 통해 삶의 위안과 기쁨을 얻기 때문일 것이다. '그래, 나도 이 노래 가사처럼 저랬지?' 하는 공감을 주거나 아린 속을 시원하게 긁어 주는 가사는 듣는 이로 하여금, 묘한 카타르시스를 느끼게 한다.

10년 전 학교 방송부 업무를 맡게 되면서 아이들과 좋은 노래를 공유해 볼 목적으로 '음악이 흐르는 교실'이라는 노래 신청 프로그램을 새롭게 열어 운영한 적이 있었다. 그 프로그램을 만들기 전에 동요를 신청하는 아이들이 별로 없을 것을 예상한 나는, 동요와 가요를 신청할 수 있는 요일들을 각각 따로 정해 놓고 해당 요일에는 그 분야의 노래만 틀도록 계획을 세웠다. 하지만 애석하게도 동요만 신청해야 하는 요일에도 TV에서 흔하게 볼 수 있는 아이돌 그룹의 최신 가요가 신청곡의 대부분을 차지하고 있었다.

나는 뻔한 질문이라는 것을 알면서도 방송부 아이들에게 질문을 던져 보았는데 아이들의 대답이 더욱 가관이었다.

"왜 아무도 동요는 신청하지 않니?"

"요즘 동요를 부르는 아이가 누가 있어요? 음악 시간에 부르는 것도 지겨워 죽겠는데……."

"그리고 동요는 너무 따분하고 재미가 없어요!"

아이들이 어떤 대답을 할지 어렴풋이 짐작하고 있었지만, 귀찮다는 듯이 툭 던지는 아이들의 말투에 조금은 충격을 받았고 왠지 서운했다.

하지만, 이렇게 동요가 아이들의 삶과 멀어지게 된 것은 아이들의 책임이 아닌 어른들의 책임이다. 지금껏 동요를 향유하는 아이들의 삶은 철저하게 배제한 채 자신들만의 눈으로 노래를 생산해 낸 것이 바로 어른들이기 때문이다.

그래서 나는, 보통 아이들이 부를 노래를 만들 때는 직접 가사를 쓰지 않고, 아이들이 쓴 글이나 일기를 자주 활용하는 편이고, 글을 직접 활용하지 않는다 하더라도 가사를 쓰기 전에 노래 주제에 대한 아이들의 생각을 충분히 경청하는 편이다. 특별한 이유가 있는 것은 아니고, 내가 직접 가사를 쓰는 것보다 아이들이 쓴 글이 훨씬 실감 나고 생동감 넘치기 때문이며 노래라는 문화는 그것을 향유하는 사람들의 삶이 그대로 드러났을 때 보다 큰 감동을 줄 수 있다는 평범한 지론 때문이었다.

〈나도 할 말이 있어요〉도 그러한 생각을 바탕으로, 아이들과 노래 주제에 대한 생각을 끊임없이 주고받는 과정 속에서 탄생한 노래이다. 3년 전, '제14회 노래로 그리는 교실' 공연을 준비할 당시, 공연 흐름상 어른들에 대한 아이들의 바람을 담은 노래가 절실하게 필요했는데, 아무리 선생님들끼리 고민해 봐도 기발한 가사가 나오지 않는 것이었다. 그래서 그

부분을 공연할 학급 아이들에게 어른들에 대한 바람을 재미있게 써 보라고 했는데, 보통 어른들이 상상할 수 없는 기발한 가사들이 마구 튀어나온 것이었다.

어른들을 바라보는 아이들의 다양한 시각이 재밌기도 하고 기발하기도 했지만, 한편으로는 그런 아이들의 마음을 따뜻하게 헤아려 주지 못한 것이 못내 미안하기도 했다. 특히 3절 가사인 '누나도 되고 동생도 되는, 내 맘은 누가 알아주나요'라는 가사에서는 저절로 고개가 끄덕여지고, 어른인 내가 봐도 속이 다 후련했다.

간혹 아이들의 마음과 상황을 제대로 살피거나 이해하지 못해 실수를 하는 날이면 아이들과 이 노래를 부르며 미안한 마음을 전달하고는 하는데, 의외로 아이들의 마음도 봄눈 녹듯 금세 풀리곤 한다.

 이렇게 불러 봐요

〈나도 할 말 있어요〉는 총 3절로 구성되어 있으며, 동일한 후렴구를 가지고 있어 저학년들도 노래를 익히기에 큰 어려움이 없는 노래이다.

첫째 단과 둘째 단은 어른들에게 많이 듣는 잔소리와 그에 대한 아이들의 생각이 대구를 이루고 있는 부분으로, 노래 가사 바꾸기 활동과 함께 해 보면 아이들의 생각이 녹아 있는 재미있는 노래 부르기 활동이 될 것이다.

셋째 단과 넷째 단에 나오는 '어린 나도'나 '우리들'의 경우 처음의 음이 비교적 긴 편이니, 음이 떨리지 않고 곧게 나올 수 있도록 사전에 충분히 호흡을 모아야 하고, '목소리도'의 선율은 점차 상승되는 구조로 음정을 정확하게 내기 어려워할 수 있으니 반복해서 음을 짚어 주는 것이 필요하다.

마지막으로 3절 다음의 후렴구는 전조가 되며 모든 음이 한 음씩 높아지는 구간이니, 고음을 내는 데 무리가 없도록 아이들 음역에 맞는 적절한 조성으로 노래를 시작하는 것이 좋다.

나도 할 말이 있어요

창진초 아이들 글, 이호재 곡

몸에 좋지않은 　불량식품들은 　사먹지말라고만 하시더니
내일이면줄게 　다음주에줄게 　말로만약―속을 하시더니
누나니깐참아 　언니말잘들어 　언제나양보하라 하시는데

어른들은몸에 　좋지않은술을 　그렇게많―이도 드시나요
다음주는정말 　언제오는걸까 　용돈을주시는건 맞―나요
누―나도되고 　동―생도되는 　내맘은누가알아 주―나요

어 ―린나― 도　할 말 많―아요 ―

우 ―리들― 목소리도　들어주―세요 ―

학예 발표회 추천 프로그램 모음

노래 활동 TIP

1. 중 · 고학년용 동요 메들리

몇 년 전 '남자의 자격'이라는 프로그램에서 만화 주제곡 메들리가 선풍적인 인기를 끌 때, 아이들에게 친숙한 동요 12곡을 엮어 2부 합창으로 편곡하여 만든 메들리이다. 학예회 때 부르는 아이들도 신나 하고, 관객들의 호응도 매우 좋은 편이다. 맨 아래에 있는 QR코드가 지정한 주소로 이동하면 노래의 가이드, 반주, 가사 등을 다운로드할 수 있다. 노래 대부분이 아이들이 잘 알고 있는 곡이라 여러 장의 악보보다는 가사 악보 한 장이 보다 간편할 듯하여, 따로 오선 악보는 수록하지 않았다.

2. 저학년용 동요 메들리

바로 위에 있는 동요 메들리가 중학년이나 고학년에게 적합한 노래라면 이 곡은 저학년 아이들에게 어울리는 노래이다. 아이들이 생활 속에서 들었을 법한 친숙한 동요 13곡을 메들리로 엮었는데, 노래의 재미를 위해 가사도 절묘하게 이어지도록 만들었다. 맨 마지막에 나오는 노래인 〈한국을 빛낸 100명의 위인들〉 부분에선 학급 아이들의 이름과 특징을 넣어 개사해서 부르면 아이들의 흥겨운 기운이 더욱 높아질 것이다.

3. 〈할아버지의 시계〉 기악합주

학예회 때 반 전체가 합주할 수 있도록 가락악기 4부, 리듬악기 4부로 편곡한 곡이다. 가락악기는 리코더 1부, 리코더 2부, 하모니카, 오르간 4개로 구성되어 있고, 리듬악기는 큰북, 작은북, 탬버린, 심벌즈 4개로 구성했다.

보통 리코더 1부는 8~10명, 2부는 6~8명, 하모니카 6~8명, 오르간 1명, 큰북 1명, 작은북 1명, 탬버린 2명, 심벌즈 2명으로 편성하는 것이 좋고, 하모니카나 오르간은 멜로디언과 같은 악기로 편성해도 큰 무리가 없다. 리코더 2부가 반음이 많이 나오는 탓에 리코더를 잘 부는 아이들로 편성해야 하지만, 다른 파트는 쉽게 편곡되어 있어 악기별로 연습하는 데 큰 어려움이 없을 것이다.

4. 〈캐논 변주곡〉 리코더 3중주

아이들과 어른들에게 가장 잘 알려진 뉴에이지 음악 중의 하나인 〈캐논 변주곡〉은 리코더 3중주로 편곡한 곡이다. 리코더 1부의 경우 주선율을 이끌어 가는 가장 중요한 파트이기도 하고, 16분 음표가 많이 나오기 때문에 텅잉이 잘되고 리코더를 잘 부는 아이들을 배치해야 하지만, 2부와 3부는 쉬운 음과 박자로 구성되어 있기 때문에 리코더 합주에 어려움을 느끼는 아이들도 쉽게 참여할 수 있는 곡이다. QR코드가 지정한 주소로 이동하면, 전체 악보와 피아노 반주 파일 및 파트별 음원을 다운로드할 수 있다.

5. 창작 뮤지컬

학교에서 뮤지컬 공연을 할 때는 열악한 음향 시설로 인해 대사 전달에 어려움이 많다. 그래서 녹음한 대사와 반주, 음향 효과 등이 적절하게 믹스된 뮤지컬 음원을 재생하며 공연하는 것이 효과적이다. 즉, 아이들은 자신의 목소리가 나오는 더빙 음원을 들으며 동작만 연기하고, 노래는 '라이브'로 부르는 방식이다.

녹음 작업과 배역 정하기, 노래 연습 등 준비 과정이 힘들고 복잡하여 뮤지컬을 학예회 공연에 올리기에는 많은 어려움이 따르지만, 다양한 예술 장르를 표현할 수 있다는 장점 때문에 아이들의 성취감도 가장 큰 종목 중 하나이다. 아이들과 추억을 남길 수 있는 특별한 학예회를 원하신다면 꼭 한번 도전해 보기를 권해 드린다.

QR코드 앱으로 왼쪽 사진을 찍은 후, 링크된 주소로 이동하시면, 위에 소개된 학예회 프로그램 자료를 다운 받으실 수 있습니다.

푸른 사계절 노래 이야기

12월

겨울 이야기

12월은 한 해를 마무리하는 시기이기도 하고, 따뜻한 학급 공동체를 만들기 위한
다짐도 조금씩 옅어져 다툼이 많이 발생하는 시기이기도 하다.
그래서 새 학년을 함께 시작한 친구와의 관계도 다시 되돌아볼 수 있고,
겨울이라는 계절에 어울리는 노래들로 엮어 보았다.

귀한 눈을 대하는 부산 아이들의 마음

첫눈 오는 날

지금 살고 있는 부산을 벗어나 다른 지역에서 생활했던 시간은 2년 남 짓 강원도에서의 군 복무 시절이 유일하다. 그때는 10월 말에 첫눈이 시 작되어 4월까지 눈이 내렸던 적도 있었으니, 거의 반년 넘게 지겹도록 눈 을 보고 또 치우며 살아야 했다. 이제껏 본 눈의 양보다 훨씬 많은 양의 눈을 2년이라는 짧은 기간 동안 여한 없이 경험한 터라, 더 이상 눈을 기 다리는 마음이 생길 것 같지 않았다. 하지만 부산에서는 눈다운 눈을 볼 수 있는 기회가 일 년에 한두 번 정도밖에 되지 않는다. 그마저도 학교에 서는 눈을 보지 못하고 그냥 지나치는 해도 많다.

그래서 부산에 사는 아이들은 위쪽 지역의 아이들과 다르게, 눈을 맞이 하는 반응이 가히 폭발적이다. 진눈깨비에 불과한데도 흰색을 띈 작은 물 체가 하늘에서 내려온다 싶으면 고함을 지르는 통에 학교 안은 이내 소 란스러워지기 일쑤다.

3학년 아이들과 생활했던 10여 년 전, 눈 구경을 도통 할 수 없던 부산 에도 엄청나게 많은 양의 눈이 내린 적이 있었다. 겨울방학을 며칠 앞둔

184

12월 중순쯤으로 기억되는데, 2교시 수업을 막 시작했을 무렵, 해가 자취를 감추어 조금은 어둑해진 운동장에 하얀 눈이 소리 없이 내리기 시작한 것이었다.

"야, 밖에 봐! 눈 온다!"

"어디, 어디? 와, 진짜네!"

"얘들아, 호들갑 떨지 말고 빨리 앉아라! 저러다 말 거야."

그런데, 웬걸! 아이들의 마음을 진정시키려 애써 무심한 척 말을 꺼내는 순간, 나를 비웃기라도 하듯 방금 전과는 비교도 안 될 만큼 커다랗고 새하얀 눈이 온 세상을 가득 덮고 있는 게 아닌가?

"선생님, 눈 정말로 많이 오는데요?"

"밖에 나가면 안 돼요? 눈 오는데 공부만 하려니 억울해요. 저러다 갑자기 그치면 어떡해요! 몇 년째 눈 구경 한 번도 못했는데……."

몇 명만 자리에 앉아 있을 뿐, 대부분의 아이들이 교실 창문에 붙어 이미 하얀 이불처럼 운동장을 뒤덮은 눈을 구경하기에 여념이 없었고, 대여섯 명은 아예 책상 위에 올라선 채, 내려오라는 나의 묵직한 목소리에도 아랑곳하지 않았다.

이런 분위기에서는 도저히 수업을 할 수 없다고 생각한 나는 아이들과 함께 무작정 밖으로 나갔다. 그리고는 모처럼 눈으로 덮인 세상에서 아이들과 뒤섞여 눈사람을 만들고 눈싸움도 하며 신나게 놀았다. 아이들의 감정에 순식간에 동화되어 시간 가는 줄도 모르고 놀아 본 기억은 정말 오랜만의 경험이었다.

두 시간 동안 계속 내리던 눈이 그치자 교실 안으로 들어와, 아이들에게 그날의 특별한 경험을 글로 써 보자고 했다. 처음에는 뻔한 내용의 글이 수두룩할 것 같았는데, 의외로 주변 풍경이나 사람들의 모습을 세밀하게 관찰하여 재미있는 글을 쓴 아이들이 많았다. 그날, 오랜만에 보는 친구처럼 갑자기 우리 곁을 찾아온 첫눈에 대한 반가움과 학교의 들뜬 풍경을 담아 만든 노래가 바로 〈첫눈 오는 날〉이다.

어쩌면, 겨울이면 눈을 어렵지 않게 볼 수 있는 경기도나 강원도 쪽 아이들은 이 노래에 대한 감흥이 크지 않을 수도 있다. 한편으로는 흔하게 접할 수 있는 자연 현상 하나에 너무 호들갑을 떤다고 생각할 수도 있을 것이다. 하지만 부산에 내리는 눈은 좀처럼 경험할 수 없었던 새로운 세계로 남쪽 지역 아이들을 초대하는 값진 선물임에는 틀림없다.

 이렇게 불러 봐요

〈첫 눈 오는 날〉은 A-A'-B-A' 형식의 곡으로 총 32마디로 구성된 노래지만, 16마디만 익히면 노래 전체를 익힐 수 있다. 그리고 음역대가 크게 높지 않아 변성기가 지난 고학년이 부르기에도 크게 부담스럽지 않을 것이다.

이 노래에는 와 같은 리듬이 많이 등장하는데, 손뼉 치기로 주요 리듬을 충분히 몸에 익힌 후 노래를 배우면, 아이들이 노래를 정확하게 익히는 데 많은 도움이 될 것이다.

맨 마지막에 나오는 '우리 마음에'의 경우, 단조로운 멜로디 구성에 변화를 주기 위해, '에'의 음을 한 옥타브 높여 끝내는 걸로 설정했으니, 아이들에게 미리 일러두면 좋을 것이다.

첫눈 오는 날

모산초 아이들 글, 이호재 곡

아이들고함치는 소리 에   무심코창밖을바 라 보 니

어 느새새―하얀 첫 눈 이 희뿌연 운동장에가 득   내 리 는 데

책 덮고밖에나가 보 자 고   졸라대는아이 들의 성 화 에
한 시 간도지 나지 않 아 서   아―쉽게첫눈도그 쳤 지 만

고개를끄덕 이는 선 생 님 신 나 는 첫 눈 오는 날 ―
우 리의아름 다운 추 억 은 영 원히 우 리 마음 에 ―

눈―을맞 으 러 다 니 다 흰머리 할아버지가된   아 이 들

첫 눈을맞 이 한 기 쁨 에   운동장은북적대 는 ― 데

미안해 친구야, 하늘을 봐

•
•
•

4년 전, 학교 아이들과 더불어 '제13회 노래로 그리는 교실' 공연을 바쁘게 준비하고 있었던 9월쯤으로 기억된다. 그해 공연에서는 우리 반 아이들과 노래 동아리 아이들이 창작 뮤지컬로 공연하기로 되어 있어서, 대부분의 곡들을 극의 흐름에 맞게 새롭게 창작해야만 했다.

다른 부분의 곡은 대부분 완성되었는데, 이 뮤지컬의 가장 '하이라이트'라 할 수 있는 주인공의 마지막 주제곡이 좀처럼 떠오르지 않는 것이었다. 친구와 갈등을 해소하고 친구에게 미안한 마음을 전달하는 부분이라 주인공의 감정 변화가 섬세하게 잘 나타나야 해서 며칠 동안 컴퓨터에 가사를 썼다 지우기만 반복했다.

그러다 문득, 몇 해 전 친구 관계로 힘들어 하던 두 아이가 나에게 보냈던 편지가 떠올랐다. 한번 받은 것은 잘 버릴 줄 모르는 나의 수집병(?)을 스스로 대견하게 여기며, 그 아이들이 썼던 편지를 읽고 그때의 상황을 가만히 떠올려 보았다. 친구들을 따돌리다 본인이 그 처지가 되어서야 자신으로 인해 힘들어 했을 친구의 심정을 이해한 그 아이들의 후회 섞인 편지를 읽으니, 이상하게 노래 가사가 순식간에 써지는 것이었다.

실타래처럼 꼬인 고학년 여학생들의 관계를 해결하는 것만큼이나 복잡하고 힘든 과정을 통해 탄생한 노래가 〈미안해 친구야〉이다. 왕따, 학교폭력 문제로 삭막해져 버린 학교 문화를 안타까워하며, 아이들과 올바른 친구 관계에 대해 이야기할 때면 꼭 이 노래를 함께 부른다.

〈하늘을 봐〉라는 노래는 〈미안해 친구야〉를 만든 지 1년 후에 작곡한 노래이다. 이 노래를 만들기 얼마 전, TV를 통해 한국전쟁 때 활동했던 어린이 합창단의 모습을 그린 〈오빠 생각〉이라는 영화를 본 적이 있었다. 사실 영화의 전체적인 내용은 특별할 것이 없었는데, 영화의 중반부에 아주 인상적인 장면이 하나 나온다.

부모의 죽음으로 서로 원수처럼 지내던 두 아이에게 합창단을 맡고 있는 장교가 노래 배틀을 주문한다. 서로 다른 노래를 부르며 음이 틀리거나 박자가 어긋나는 쪽이 진다는 규칙 아래 노래로 싸움을 시작하게 되는데, 막상 노래를 마칠 때쯤 아이들의 눈에는 분노와 미움이 사라지고, 한층 부드러운 눈으로 서로를 바라보게 된다. 이 두 아이가 부른 노래는 〈대니보이〉와 〈애니로리〉라는 노래로 코드 진행이 비슷하여 막상 불러 보면 두 노래가 서로의 화음처럼 묘한 조화를 이루는 곡이다. 이 감동적인 장면에 영감을 얻어 〈미안해 친구야〉와 같은 코드로 진행되는 노래를 하나 더 만들었는데, 그 곡이 바로 〈하늘을 봐〉이다. 가사의 내용 또한 앞 노래에 대한 답장 형식으로 이루어져 있어 올바른 친구 관계에 대해 이야기할 때 아이들과 함께 부르면 좋은 노래이다. 아이들 간 가창 능력이 크게 차이가 나는 학급 내에서도 파트를 나누어 이 두 노래를 자주 부르곤 한다. 전혀 화음으로 느껴지지 않는 두 노래를 동시에 부르면서, 화음이 주는 아름다움과 노래의 힘을 아이들과 나눌 수 있으니 내용적으로나 형식적으로도 매우 유용한 곡이라 볼 수 있다.

12월은 일 년 동안 친숙해진 아이들이 서로에 대한 이해를 바탕으로 끈끈한 우정을 쌓아 가는 달이기도 하지만, 느슨해진 마음으로 인해 크고 작은 다툼이 생기기 쉬운 달이기도 하다. 이 두 노래를 통해 다른 빛깔을 지닌 노래가 한데 어울려 아름다운 하모니를 이루어 가는 과정을 체험해 봄으로써 아이들과 함께 조화와 공감의 의미를 나누어 보면 좋겠다.

 이렇게 불러 봐요

앞서 설명했듯이 〈미안해 친구야〉와 〈하늘을 봐〉는 코드 진행이 똑같고, 각 노래의 가사도 문답 형식으로 이루어진 노래이다. 각 노래가 완성된 형태를 갖추고 있는 곡인 만큼, 두 노래를 동시에 들려주며 무리하게 함께 부르려 하지 말고, 각 노래를 따로 충분히 익힌 다음, 나중에 함께 불러 보기를 권한다.

또한 〈하늘을 봐〉의 경우 정박으로 시작되는 노래라 큰 어려움이 없는데, 〈미안해 친구야〉의 경우는 못갖춘마디로 시작하므로 들어가는 부분을 충분히 연습한 후 부르는 게 좋다. 8분음 6박자이니 끝마디부터 '하나, 둘, 셋, 둘, 둘'하고 박자를 센 뒤 '모'라는 가사가 시작되도록 교사가 소리 내어 함께 연습하면 금세 익숙하게 따라 부를 것이다.

마지막으로, 〈미안해 친구야〉에서는 '전부라고 소리친 나' 부분이, 〈하늘을 봐〉에서는 '하늘을 봐봐 여전히 햇살이'가 가장 큰 성량으로 불러야 하는 부분인 만큼, 각 노래의 세게 불러야 하는 부분에서 다른 파트는 다소 여리게 소리를 내도록 지도하는 것이 좋다.

미안해 친구야

이호재 글, 곡

모 진 말 로 널 아 프 게 하 고   바 라 본 하 늘 엔 회 색 빛 구 름   그

럴 생 각 은 아 니 었 는 데 자 꾸 뒤 만 돌 아 보 네   내 가

가 진 자 그 만 상 처 만 전 부 라 고 소 리 친 나   거 친

내 입 술 에 멍 든 네 마 음 보 지 못 해 미 — 안 해 —

하늘을 봐

이호재 글, 곡

G　D　Em　G　C　G　Am　D

나 역시 너와 다 투고 난 뒤　마음이 편하지 만은 않아

G　D　Em　E　Am　D　G　G⁷

가슴 속 하고픈 말 — 들 만　입 가에 맴 도는 데

C　G　Em　C　Am　D

오 늘 부를　이 노 래가　우 리 맘 녹일지 몰　라

G　G⁷　C　Cm　G　D　G

하 늘을 봐 봐　여 — 전히 햇 살이 우 릴 비 추 잖 아 —

아이들의 솔직하고 발랄한 상상

화장실아 네가 그립다

"선생님, 오줌이 너무너무 마려워요, 화장실에 가고 싶어요!"

무슨 일이든 똑 부러지게 잘하는 우리 반 팔방미인 소연이가 거의 울상이 되어 손을 들고 말했다.

"그럼 얼른 화장실 다녀와."

"근데, 수학 문제를 세 문제나 못 풀었어요!"

한창 수학 시험을 보고 있을 때였는데, 오줌이 너무 마려워 화장실에 가고 싶지만 아직 세 문제나 풀지 못한 소연이는 얼마 남지 않은 시험 시간이 걱정이었던 것이다.

"소연이가 화장실 다녀온 시간만큼 시간을 더 줄 테니, 걱정 말고 다녀오렴."

시간을 더 준다는 나의 대답을 듣고 나서야 소연이는 냉큼 일어나 화장실로 뛰어갔다. 그리고 그날의 곤란하고 당혹스럽기만 했던 자신의 심정이 무척 인상에 남았는지 겪은 일을 일기로 썼다.

이 노래는 내가 2004년에 만들었던 곡이니, 아이들 글에 곡을 붙이고 음원으로 녹음했던 곡들 중 비교적 초창기에 속하는 노래이다. 이때는 노래의 소재로 아이들이 직접 쓴 글보다 더 좋은 건 없다는 신념 아래 의도적으로 아이들 일기에 곡을 많이 붙였고, 가사의 내용에 맞게 아이들이 연기한 사진으로 구성된 플래시 노래방도 많이 제작했다. 하지만, 시간이 지나며 내가 직접 작사한 곡들의 비율이 높아지고, 아이들의 연기를 담아 일 년에 10곡 정도 제작하던 플래시 노래방 수도 급격하게 줄어들게 되었다. 물론 내가 이 노래를 만든 때인 15년 전보다 개인적인 상황이 달라진 게 가장 큰 이유겠지만, 학교가 예전에 비해 많이 바빠져 이러한 활동을 나눌 만한 시간적 여유가 많이 줄어든 것도 큰 영향을 미쳤다.

이 노래는 '소연이'란 아이가 시험을 한참 보고 있을 때 화장실에 가고 싶어 곤란했던 마음을 그린 노래이다. 3학년 아이가 시험에 대한 고통과 오줌을 누고 싶은 욕구가 얼마나 컸으면 화장실이 자신의 앞으로 걸어오면 좋겠다는 상상까지 하게 되었을까? 아이의 일기를 보는 순간 나는 별다른 고민 없이 노래로 만들어야겠다는 생각을 했고, 20~30분 만에 곡을 완성했던 기억이 떠오른다. 유달리 아이들과 궁합(?)이 잘 맞는 해가 있기 마련인데, 그해 3학년 아이들과도 그러했다. 〈화장실아 네가 그립다〉가 완성된 다음 날, 이 노래를 아이들에게 가르쳐 줬는데, 그렇게 즐거운 표정으로 목이 터져라 노래를 부르는 아이들은 지금껏 보지 못했다. 이틀 후, 자신감 넘치는 목소리로 노래를 잘하던 '주희'라는 아이의 목소리를 담아 음원 작업을 바로 했고, 그다음 날 모든 학급 아이들이 참여하는 뮤직 비디오도 제작했다. 지금 기준으로 본다면 영상 구성이나 효과도 조잡하고 음원도 세련되지 못하지만, 아이들과 열정적으로 호흡하며 무언가를 만들어 나가던 젊은 시절의 추억들이 고스란히 녹아 있는 곡이다. 이 아이들은 지금쯤 대학생이거나 이제 막 사회생활을 시작한 청년이 되었을 텐데, 글을 쓴 소연이도, 노래를 부른 주희도, 연기를 멋지게 잘한 재경이도 어떻게 변해 있을지 무척 궁금하다.

 이렇게 불러 봐요

〈화장실아 네가 그립다〉는 제목에서 알 수 있듯이 멜로디보다는 가사에 초점을 맞춘 노래이다. 또한 노래 가사의 진행이 가사를 쓴 아이의 심리 변화를 잘 표현하고 있어, 그 아이의 마음에 이입하여 노래를 불러 보도록 권유하는 것이 좋다.

그리고 '세 문제나 남았는데' 부분은 아이의 절규에 가까운 부분이라 다소 고음으로 배치하였으니, 충분히 호흡을 확보한 뒤 부르도록 지도해야 하고, '벌벌벌벌'이나 '뱅글뱅글'과 같은 의태어를 강조해서 부르도록 하는 것도 노래의 재미를 높이는 좋은 방법이다.

또한 노래의 각 부분마다 구체적인 장면이 비교적 잘 담겨 있어, 가사의 상황에 맞게 아이들이 연기한 장면을 사진이나 영상으로 찍어 뮤직 비디오를 제작해 보는 것도 의미 있는 활동이 될 것이다.

화장실아 네가 그립다

정소연 글, 이호재 곡

오 랜 만 의 수 학 시 험   너 무 긴 장 했 을 — 까

참 으 려 고 애 를 써 도   오 줌 이 마 려 오 네 —

두 다 리 는 벌 벌 벌 벌   머 릿 속 은 뱅 글 뱅 글 —

선 생 님 께 말 을 할 까   세 문 제 나 남 았 는 데 —

화 장 실 이 내 앞 으 로   걸 어 오 면 정 말 좋 겠 — 네

오 늘 따 라 화 장 실 아   화 장 실 아 네 가 그 립 다

상처 받은 아이에게 띄우는 사과의 편지

한 번쯤 우리 얘기에도

교사가 아이들과 생활하면서 가장 당혹스러운 일 중의 하나가 교실에서 도난 사건이 발생했을 때이다. 그렇게 잦은 일은 아니었지만, 나 또한 그런 일로 인해 곤란했던 경우가 몇 번 있었다. 아마도 날씨가 조금씩 쌀쌀해지기 시작한 늦가을이었던 걸로 기억하는데, 우리 반 아이 한 명이 아버지가 선물로 준 값비싼 시계를 잃어버린 적이 있었다. 처음에는 '다른 곳에 두었겠지?'하고, 잃어버린 아이에게 주변을 잘 살펴보라고 했다. 하지만 체육 시간 전까지는 분명히 있었다며 확신에 찬 얼굴로 이야기하는 통에 시계를 함께 찾아 나섰지만, 도저히 찾을 수가 없었다.

하는 수 없이 아이들 모두 눈을 감게 하고, 사실대로 말하면 없던 일로 해 주겠다고 말하며 가져간 사람은 조용히 손을 들라고 해 보았다. 지금 고백하건대, 예전에 많은 선생님들이 활용했던 이 방법은 사실 큰 효과가 없다. 설사 가져간 아이가 있다 하더라도, 많은 아이들에게 노출될 수 있는 위험을 감수하고 손을 들 아이는 거의 없기 때문에 허사로 끝날 때가 많다. 특히 자기가 방금 한 일도 까먹어 버리는 저학년은 더욱 그러할 것이다.

예상대로 나오는 아이가 없어서, 혹시 가져가는 걸 보거나 다른 곳에서 그 시계를 본 사람을 적어 보도록 했다. 어찌 보면 같은 반 친구를 의심하는 상황을 교사가 만들어 버린 셈이니, 절대 해서는 안 될 최악의 방법을 선택한 것이다. 그러자, 두 명 정도가 체육 시간에 늦게 나왔고, 한 아이가 혼자 교실에 남아 있는 걸 보았다고 적힌 글이 있었다. 체육 시간에 가장 늦게 나온 아이는 우리 반에서 가장 활발하고 까불기도 잘하지만, 낙천적인 성격 때문에 반 친구들 중에 싫어하는 아이들이 거의 없는 아이였다. 나는 그 아이를 조용히 연구실로 불렀다.

"혹시, 너 그 시계를 본 적이 있니?"

"선생님, 제가 절대 가져가지 않았어요. 정말이에요."

"아니, 네가 가져갔다는 말이 아니라 체육 시간 이후 없어졌고, 네가 제일 나중에 운동장으로 나왔다고 해서, 혹시 그 시계를 봤나 하고……."

"저는 그 시계 보지도 못했어요. 믿어 주세요!"

"그래, 선생님도 네가 가져갔다고 생각하지 않아. 혹시나 해서 물어본 거야."

평소와는 다르게 잔뜩 구겨진 얼굴로 눈물을 훔치던 그 아이가 매우 낯설게 느껴졌고, 축 처진 어깨로 돌아서는 뒷모습을 보고서야 무언가 잘못되었다는 걸 깨달았다.

그런데 보다 충격적인 일은 몇 시간 뒤에 벌어졌다. 없어진 시계를 화장실에서 찾았다고, 시계를 잃어버렸다던 아이가 자랑스럽게 이야기하는 게 아닌가? 그때는 솔직히 천진난만하게 웃는 그 아이의 입을 한 대 때려 주고 싶었다. 하지만, 물은 이미 엎질러졌고, 의심 받은 그 아이에게 사과를 하는 것이 우선이라고 생각했다.

"넌 아무 상관도 없는데 너를 불러 그렇게 물어봐서 미안해."

"뭐, 그때는 기분이 나빴지만, 알고 그러신 것도 아닌데 괜찮아요."

별일 아니라는 듯 환한 미소를 보여 주며 사과를 받아 준 그 아이의 마음이 얼마나 고마웠으면 넙죽 엎드려 절이라도 하고 싶은 심정이었다. 그날 이후로는 학급에서 도난 사건이 일어나더라도 물건 주인에게 조심할 것을 당부하거나 제자리에 갖다 놓을 것을 부탁할 뿐, 누군가를 추궁하거나 훔친 사람을 잡아내기 위한 행동을 한 번도 하지 않았다.

미처 말하지 못한 나의 마음을 간절하게 표현하고 싶어 그랬을까? 며칠 후, 그 아이에 대한 미안한 마음을 담아 노래를 하나 만들었는데, 그 노래가 바로 〈한 번쯤 우리 얘기에도〉이다. 물론 예전처럼 활발하게 지내는 그 아이에게 애써 너에게 미안해서 만든 노래라고 밝히진 않았지만, 어렴풋이 그 아이도 느끼고 있었을 것이다. 이 노래는 용기가 없었던 못난 선생님이 자신에게 보내 준 어설픈 사과의 편지라는 것을.

 이렇게 불러 봐요

〈한 번쯤 우리 얘기에도〉는 담담하게 자신의 마음을 표현하는 방식의 노래라, 전체적으로 음역대가 낮고 저음이 많이 나온다. 아이들은 보통 저음을 낼 때 앞선 음과 동일한 음을 내는 경향이 있기 때문에 '귀 기울여 주세요'나 '하고 싶은 일들도' 부분을 부를 때는 피아노를 치며 정확한 음을 짚어 주는 것이 좋다.

그리고, 단조로운 리듬에 변화를 주기 위해 '8분 음표 + 8분 음표'의 리듬과 '점 8분 음표 + 16분 음표'가 함께 섞여 있는 마디가 많으니, 악보의 '점 8분 음표 + 16분 음표'에는 알아보기 쉽게 별도의 표시를 해 두면 노래를 부를 때 헷갈리지 않을 것이다.

한 번쯤 우리 얘기에도

이호재 글, 곡

노래 활동 TIP

학년이 함께 만드는 학예 발표회

학교마다 11월이면 열리는 학예 발표회의 가장 큰 문제는 반별로 비교될 수밖에 없는 공연 구조와, 시수가 제대로 확보되지 않아 발생할 수밖에 없는 교육과정 운영의 차질, 아이들의 흥미와 특성을 고려하지 않은 채 하나의 형식을 선택하여 공연할 수밖에 없는 반별 프로그램 운영이었다.

그래서 2018년 4학년 학년부장이 되어 가장 먼저 한 일은 학급별 경쟁을 지양하고, 아이들이 직접 종목을 선택하여 학예회에 참여할 수 있도록, 같은 학년 선생님들께 제안하여 학년 예술 동아리를 조직하여 운영한 결과물을 학예회에서 발표하기로 한 일이었다. 교육과정 운영에 무리를 주지 않기 위해서, 형식적으로 남아 있던 창의적 체험활동 영역은 대폭 축소하여, 모든 반이 학예회 준비를 할 수 있는 시간도 12시간 정도 확보했다.

그해 2학기부터 우리 학년은 노래 부르기부, 합주부, 교육 연극부 등 5개의 학년 예술 동아리를 조직하여 금요일 2교시가 되면 각 반이 아닌 자신이 선택한 5개 동아리별로 모여 학예회를 준비했다. 반별로 하나의 학예회 종목을 선택하여 참여하는 기존 방식에서 벗어나 학년 전체 작품을 무대에 올리는 셈이었다.

각 동아리별로 학교생활과 관련된 주제에 따라 공연 내용을 구성하고, 통일된 주제에 맞게 아이들의 생생한 목소리를 담은 내레이션도 녹음하여, 따로 떨어진 작품들을 하나의 주제로 연결시켰다. 그리고 맨 마지막 무대에선 4학년 아이들의 일 년 활동 모습이 담긴 영상을 본 뒤, 모든 아이들이 무대로 올라가 〈우리가 부르는 노래〉를 함께 불렀다.

사실 학예회가 열리기 얼마 전까지만 해도 시간에 구애받지 않고 반별로 노래를 부르고 악기를 연주하는 다른 학년 교실을 볼 때마다, 학급 공동체가 지닌 동질성을 간과한 것 같은 기분이 들어 다소 불안하기도 했다. 하지만 학예회 날 강당에서 공연하는 아이들의 모습을 지켜본 순간, 그러한 걱정은 기우였음을 알게 되었다. 대부분의 아이들이 그렇게 행복한 얼굴로, 열정적으로 노래하며 춤추고 연기하는 학예회 공연은 정말 오랜만이었다.

예술교육은 경쟁보다는 따뜻한 협력 속에서 더 큰 힘을 발휘하고, 아이들은 자신이 좋아하고 흥미를 가진 예술 활동에 보다 진지하게 몰입하며 뜨거운 열정을 쏟는다는 사실을 다시 한번 깨달았다.

1. 학년 예술 동아리 운영 시간을 반영한 4학년 창체 운영 계획

일 시	행사명	교시	과 목	학습 주제
10.5(금)	문화예술 활동	2	자율	학년 예술 동아리 운영 (학예회 준비)
10.10(수)	현장체험학습	1	자율	현장체험학습 참여하기
		2	자율	현장체험학습 참여하기
		3	봉사	현장체험학습 자연보호
10.12(금)	문화예술 활동	2	자율	학년 예술 동아리 운영 (학예회 준비)
10.17(수)	동아리활동	5	동아리	부서별 활동하기
10.18(목)	인성교육	5	자율	성/양성평등교육
10.19(금)	문화예술활동	2	자율	학년 예술 동아리 운영 (학예회 준비)
10.22(월)	교원평가	2	자율	교원평가 참여하기
10.24(수)	동아리활동	5	동아리	부서별 활동하기
10.26(금)	문화예술 활동	2	자율	학년 예술 동아리 운영 (학예회 준비)
10.31(수)	동아리활동	5	동아리	부서별 활동하기
11.2(금)	낙동강 걷기 주간	2	자율	낙동강 생태길 걷기
	문화예술 활동	5	자율	학년 예술 동아리 운영 (학예회 준비)
11.7(수)	동아리 활동	5	동아리	부서별 활동하기
11.8(목)	문화예술 활동	5	자율	학년 예술 동아리 운영 (학예회 준비)
		6	자율	학년 예술 동아리 운영 (학예회 준비)
11.9(금)	음악회 관람	3	자율	문화회관 음악회 관람
11.12(월)	독서퀴즈 대회	5	자율	독서퀴즈 대회
11.14(수)	동아리 활동	5	동아리	부서별 활동하기
11.15(목)	독서퀴즈/평화통일교육/ 문화예술 활동	5	자율	학년 예술 동아리 운영 (학예회 준비)
		6	자율	학년 예술 동아리 운영 (학예회 준비)
11.16(금)	평화통일/문화예술 활동	2	자율	평화통일교육
		5	자율	학년 예술 동아리 운영 (학예회 준비)
11.19(월)	문화예술 활동	5	자율	학년 예술 동아리 운영 (학예회 준비)
11.21(수)	동아리 활동	5	동아리	부서별 활동하기
11.22(목)	아동학대 예방 주간	1	자율	아동학대 예방 교육
	문화예술 활동	5	자율	학년 예술 동아리 운영 (학예회 준비)
11.23(금)	학예회	2	자율	학예회 참여하기
		3	자율	학예회 참여하기

2. 2018학년 명진초 4학년 학예 발표회 공연 시나리오

구분	순서	내용	시간	비고
1	내레이션	새 학년 첫날의 느낌을 담은 일기	1.5분	
2	노래	〈학예회 하는 날〉 + 〈뭔가 좋은 일이〉	5분	4학년 노래 부르기부
3	내레이션	아이들의 문화와 관련된 일기	1.5분	
4	댄스	〈뿜뿜〉	5분	4학년 댄스부
5	내레이션	음악 시간, 또는 수업 시간에 대한 일기	1.5분	
6	리코더	〈가을 아침〉 + 〈10월의 어느 멋진 날에〉	5분	4학년 합주부
7	내레이션	나의 장래 희망이나 꿈에 대한 일기	1.5분	
8	태권무	블락비 〈HER(헐)〉	4분	4학년 태권도부
9	내레이션	우리가 만들고 싶은 세상에 대한 일기	1.5분	
10	고무줄 놀이	고무줄로 그리는 세상	7분	4학년 교육연극부
11	영상 상영	아이들의 1년 생활 모습을 담은 영상	2.5	
12	전체 노래	〈우리가 부르는 노래〉	4분	전체 노래
		계	40분	

친구야 안녕

1~2월은 그동안 정들었던 아이들과 이별을 준비해야 하는 달이다.
그래서 학급공동체가 따뜻하게 학년을 마무리하고, 친구들과 이별의 정을
나눌 수 있는 노래들로 구성해 보았다.

일 년이 지나고 겨울이 오면

"이제 곧 친구들과 헤어질 텐데 그 아쉬움을 담아 편지 한번 써 보지 않을래?"

"선생님, 꼭 써야 해요?"

숙제라는 말을 붙이지 않고 부탁의 말을 하면, 아이들은 이게 의무 사항인지 꼭 물어본다.

"아니, 이번 공연 때 영상 편지를 상영할 건데, 그때 들어갈 내레이션 때문에 필요해. 이번에 글이 뽑힌 사람은 공연에서 그 편지를 직접 낭독하게 될 거야."

'제3회 노래로 그리는 교실' 공연 때 필요한 내레이션을 제작한다는 말에 몇 명을 제외하고는 대부분의 아이들이 글을 써 왔다. 그중, 우리 반에서 그림을 가장 잘 그리고 성실했던 '수민이'란 아이가 쓴 편지의 한 구절이 계속 머릿속을 떠나지 않았다.

'일 년이 지나고 겨울이 오면……'

아주 평범한 말이면서도 '학교'라는 공간에서 일 년을 주기로 맞이하게 되는 이별의 의미를 섬세하게 잘 드러낸 표현이라 생각했고, 이 한 문장이 주는 울림으로 인해 나는 수민이가 쓴 편지를 공연 때 낭독할 글로 선택했다. 다른 부분은 으레 '이별'이라 하면 흔하게 떠오르는 표현들을 그대로 옮겨 왔기에, 한 학년이 올라갈 때마다 헤어져야 하는 친구들에게 꼭 하고 싶은 말들을 담아, 편지를 다시 써 보도록 수민이에게 권했다. 그리고 며칠 후, 겨울 분위기를 잔뜩 머금은 학교 풍경이 아름답게 묘사되고 이별의 아쉬움이 진하게 묻어나는 이 노래의 가사가 완성되었다.

〈일 년이 지나고 겨울이 오면〉은 다 함께 부르는 합창보다는 섬세한 감정을 표현하기 쉬운 독창에 어울리는 곡이다. 처음에 이 노래를 아이들에게 들려주고, 공연 때는 두 명이 파트를 나누어 독창으로 불러야 한다고 하니, 그해 5학년 아이들의 얼굴엔 아쉬워하는 표정이 역력했다. 노래에 욕심을 내는 아이들의 모습에 내심 기분이 좋으면서도, 아이들의 아쉬움을 채워 줄 수 있는 뾰족한 방법이 없어 무척 당혹스럽기도 했다. 그래서 생각해 낸 방법이 리코더 연주였다. 고민 끝에 이 노래를 3부로 구성된 리코더 연주곡으로 편곡했고, 학급 아이들 모두가 참여하는 리코더 합주로 '제3회 노래로 그리는 교실' 공연의 첫 무대를 열었다. 〈일 년이 지나고 겨울이 오면〉은 특이하게 노래보다 연주곡으로 다른 사람에게 가장 먼저 소개된 셈이다.

그러고 보면 내가 살아온 45년이 넘는 시간을 돌이켜 봐도 '교실'이라는 공간을 벗어나서 생활한 시간은 15년 정도에 불과하다. 삶의 대부분의 시간을 학교에서 보내야 하는 교사로서는 일 년을 주기로 계속 바뀌는 아이들과의 만남이 그다지 큰 의미를 갖지 못할지도 모른다. 하지만 비슷한 일상이 반복되는 학교생활 속에서도 아이들의 말과 행동, 아이들에 대한 인상 등은 해마다 미묘한 차이를 보인다. 어떤 해는 나의 마음을 잘 몰라주는 아이들에게 깊은 상처를 받기도 하고, 어떤 해는 아이들의 사소한 행동 하나에 혼자 감동을 받아 잠 못 이루는 해도 있었다. 처음엔 나의 한계를 인정하기 싫어 아이들 문제만으로 치부한 적이 많았는데, 지금 생각해 보면 나의 마음을 어떤 방법으로 얼마나 보여 주느냐에 따라 그들의 행동이나 반응도 사뭇 달라졌다.

〈일 년이 지나고 겨울이 오면〉은 일정한 시간이 지나면 어김없이 맞이해야 하는 친구들과 선생님과의 이별의 아쉬움을 담담하게 표현한 노래이다. 아울러 아름다운 추억을 함께해 준 친구들의 앞날을 따뜻하게 축복해 주는 노래이기도 하다. 정든 아이들과의 슬픈 이별을 준비해야 하는 1~2월, 지난 추억을 떠올리며 이 노래를 함께 불러 본다면, 모두의 가슴 속에 함께한 시간들이 작은 감동과 아름다움으로 채워지지 않을까?

 이렇게 불러 봐요

〈일 년이 지나고 겨울이 오면〉은 3박자의 왈츠 풍이 듣는 이로 하여금 전체적으로 잔잔하고 편안한 느낌을 주며, 도입부에서 베이스가 반음씩 떨어지는 코드 진행이 마치 과거를 더듬어 가는 듯, 아련한 기억을 선물해 주는 곡이기도 하다.
전체적으로 4분 음표 위주의 리듬을 많이 사용한 탓에 별도의 쉼표가 악보에 나타나 있지 않으니, 노래를 부르기 전에 아이들의 호흡에 맞게 프레이즈를 적절하게 나누어 표시해 두는 것이 좋다.
노래의 분위기상 보다 세련된 느낌을 주기 위해 FM7과 같은 불협화음 코드를 많이 사용했는데, '친구들아', '그대 가는'과 같은 부분에서 음정이 떨어지지 않도록 주의해야 하며, '작은 별' 다음에는 반드시 호흡을 모아야 '하나로'라는 고음을 소화하기가 힘들지 않을 것이다.

일 년이 지나고 겨울이 오면

박수민 글, 이호재 곡

일 년 이 지 나 고 겨 울 이 오 면　어 느 새 다 가 온 이 별 의 시 간

함 께 한 우 리 의 많 은 추 억 이　아 름 다 움 으 로 남 았 으 면 해

아이들과 그리고픈 교실 이야기

우리가 부르는 노래

아이들과 일 년 동안 학급에서 부른 노래들을 교육 주체들과 나눌 수 있는 자리를 마련하기 위해 시작된 '노래로 그리는 교실' 공연이 10년 되던 해, 10주년을 기념한 공연 곡을 함께 만들어 보자고 강수호 선생님에게 제안했다.

"형님이 작사를 하셔. 제가 곡을 붙일 테니."

노래의 가사를 어떻게 구성할지 심각하게 생각해 본 적 없는 나는 훅 들어온 강수호 선생님의 역 제안에 적지 않게 당황했다.

"나도 가사 쓰기가 곡 쓰는 것보다 더 어려운데……."

"난 처음부터 안 해서 형님만큼 이 공연의 의미를 잘 모르잖아!"

그의 말처럼, 6회부터 공연에 합류한 강수호 선생님이 그 공연의 온전한 의미를 담아 노래를 만든다는 건 나보다 더 어려우리라 생각되어 그의 제안을 받아들일 수밖에 없었다.

2004년 추운 겨울, 민주공원의 작은 소극장에서 시작했던 '노래로 그리는 교실' 공연은 그때 함께했던 4학년 꼬마들이 어엿한 사회인이 된 지금까지 이어져 벌써 17회를 맞이하고 있다. 처음엔 그저 우리 반 아이들과 함께 만들고 부른 노래들을 지역의 학부모님 그리고 선생님들과 나눌 목적으로 소박하게 시작했던 이 공연이, 지금은 20여 명이 넘는 선생님들이 함께 준비하고 10개 반이 넘는 아이들이 참여하는 공연으로 규모가 커져 버렸다. 2019년 2월에 있었던 '제16회 노래로 그리는 교실' 공연에는 700석이 넘는 대극장 1층 객석이 모두 차 버려서 2층까지 개방해야 하는 일이 벌어지기도 했다.

어떻게 보면 당연한 말로 강수호 선생님이 먼저 선수(?)를 치는 바람에 난 이 노래의 작사를 하게 되었다. 지금 생각해 보면, 그때 그의 판단이 맞았던 것 같다. 난 의외로 진지한 면이 있어서, 만약 내가 곡을 만들었다면 이렇게 경쾌하고 발랄한 노래가 나오지 못했을 것이다. 이 곡은 멜로디에 대한 친근감을 높이기 위해 의도적으로 사람들이 많이 알고 있는 캐논 변주곡의 기본 코드를 사용하여 노래를 만들었다.

이 노래의 가사엔 내가 평소 생각하는 노래의 힘과 의미가 담겨 있다. 1절에는 즐거움을 주는 노래, 2절에는 위로가 되는 노래, 3절에는 희망을 주는 노래, 4절에는 시간이 지나고 변하지 않는 노래의 힘에 대해 이야기하고 있고, 맨 마지막 교사가 함께 부르는 엔딩 부분에는 아이들 속에서 고운 노래를 함께 부르고 나누며 살아가고 싶은 선생님들의 간절한 바람을 담았다.

〈우리가 부르는 노래〉는 전교조 전국 노래패 연합 4집 앨범 '담쟁이 편지'에 수록되어 있는데, 그때 내가 가르쳤던 4~5학년 노래 동아리 아이들의 목소리로 녹음되어 있다. 직접 학교 방송실에 장비를 가져가 녹음을 진행했는데, 아이들이 노래를 아주 좋아하고 워낙 많이 부른 탓에, 녹음

하는 데 30분도 채 걸리지 않았던 걸로 기억된다.

아이들과 노래가 가진 힘과 의미에 대해 함께 나누고 싶다면 이 노래를 적극 추천해 드린다. 1학년부터 6학년까지 거의 모든 학년에 걸쳐 이 노래를 아이들과 불러 봤는데, 아직까지 이 노래가 싫다고 말한 아이는 거의 보지 못했다. 굳이 종합적으로 자평해 본다면 두루 검증이 된 노래라는 것이다. 그리고 이 노래가 만들어진 지 7년이 흐른 지금도, '노래로 그리는 교실' 공연의 닫는 노래로 이 곡을 활용하고 있다.

 이렇게 불러 봐요

총 4절로 구성된 이 노래는 전체 두 단이 계속 반복되는 구조를 지니고 있다. 그래서 1절부터 4절까지 아이들에게 몇 번만 들려주면 아이들이 노래를 따라 부르는 데 큰 어려움이 없다. 특히 캐논 변주곡의 코드를 그대로 사용하고 있어서, 그 멜로디 라인을 그대로 활용하여 아이들과 2부 합창처럼 불러 보는 것도 재미있는 노래 활동이 될 것이다.

4절에 나오는 '오늘 우리가 부른―'의 리듬을 아이들이 다소 어려워하는 경향이 있으니, 익숙해질 때까지 다소 느린 빠르기로 이 부분만 반복해서 불러 보는 것이 좋다.

그리고 3절 이후엔 곧바로 한 음이 높아지는 전조가 이루어지니 이 점에 주의해야 하고, 맨 마지막 엔딩은 의도적으로 교사와 아이들이 함께 부를 수 있도록 만들었으니, 졸업식이나 입학식과 같은 다양한 무대에서 적절하게 활용하면 감동적인 공연을 연출할 수 있을 것이다.

우리가 부르는 노래

이호재 글, 강수호 곡

지루 한—수업 뒤— 쉬는 시간 처—럼 남몰래 좋아하던 내 짝의 웃음처럼
말없 이—내 마 음— 품은 엄마 처—럼 살며 시 손내 미 는 친 구의 사과처럼
촉촉 히—마른 땅— 적신 소낙 비처럼 거친 땅 에 꽃피운 민 들레 향기처럼
시간 이—지나 면— 너와 나의 모습도 빛바랜 사진 처럼 변 —해 가 겠지만

시험지에그려진— 동그라미 처—럼 내게즐거움주는 우리 가부른 노 래
처진어깨두드리는 선생 님손 길처럼 내게위로가되는 우리 가부른 노 래
구름뒤에숨—은— 해님의미 소처럼 내게희망을주는 우리 가부른 노 래
오늘우리가부른— 아름다운 노래는 고운—별하나로 영원히빛날 거 야

우리 가부르 는 노래 고 운 숲길 에피어 난 꽃들의속삭임

외롭고지친 내 마 음 어 루 만지 는사 랑의 울 림이어라

우리 가부르 는 노래 푸 른 하늘 을오르 는 새들의날갯짓

더높은저꿈 을 향해 달 려 나가 는희 망의 큰 외침이어 라

넌 기억하니

· · ·

"선배, 학급 아이들과 한 해를 더듬어 보며 지난 추억을 떠올릴 수 있는 노래가 필요한데, 어떡하죠?"

"그러게요, 그렇다고 작년에 썼던 노래를 그대로 쓰기도 그렇고."

"선배가 새로운 곡으로 하나 만들어 주면 되잖아요!"

나와 10년 넘게 '노래로 그리는 교실' 공연을 함께 만들고, 내가 만든 노래의 대부분을 녹음해 주기도 한 정자연 선생님이 한창 '제15회 노래로 그리는 교실' 공연 준비를 하다가 마무리 곡을 무엇으로 하면 좋을지 내게 물었다. 물론 〈일 년이 지나고 겨울이 오면〉과 같이 비슷한 빛깔과 분위기를 지닌 노래가 있기는 하지만, 변성기에 접어든 고학년들이 부르기엔 다소 무리가 있고, 같은 공연에 여러 번 사용한 적이 있어 또 올리기가 조금 쑥스럽기도 했다. 또한 가사 자체도 조금은 관념적이라 지금의 아이들에게 보다 생생한 느낌으로 다가갈 수 있는 노래가 있으면 좋겠다는 생각이 들었다. 이런 과정을 통해 탄생하게 된 노래가 〈넌 기억하니〉이다.

〈넌 기억하니〉의 1절부터 3절까지는 아이들이 나누었던 추억을 회상하는 가사들로 이루어져 있다. 1절에서는 첫 만남의 어색한 장면과 즐거웠던 교실 풍경을, 2절에서는 친구와 싸운 후 느꼈던 슬픔과 함께 노래 부르던 기억을, 3절에서는 친구와 정답게 나누던 이야기와 체육 시간 운동장에서 땀 흘렸던 추억 등 마치 시간 여행을 하듯 학교 곳곳을 누비며 아이들이 부대끼며 성장해 온 과정을 담담하게 말하고 있다. 그리고는 묻는다. 넌 기억하냐고 말이다.

하지만, 이 노래 속 화자는 친구들에게 묻고 싶었던 것이 아니라 '꼭 기억해 줘'라고 부탁하고 다짐받고 싶었던 것이라는 것을 4절을 통해 알 수 있다. 오랜 시간 함께 지내 온 사람들만이 느낄 수 있는 친숙한 마음과 끈끈한 우정을 꼭 기억해 달라며 한층 풍부해지고 격해진 마음으로 호소하고 있다.

내가 교사라서 그런 것일까? 왠지 아이들이 서로 주고받는 추억의 대화 속에 선생님의 목소리도 함께 넣어 주고 싶었다. 교사도 아이들 못지않게 오랜 시간 '학교'라는 공간에 머물고 있고, 중요하게 생각하는 부분은 다르겠지만 상당 부분 교실에서의 추억을 아이들과 공유하고 있기 때문이다. 그래서 노래의 맨 마지막에는 아이들의 합창이 조용히 흘러나오는 가운데, 선생님의 아쉬움과 바람을 독자적인 선율에 담아 노래를 마무리하고 있다.

혹시 졸업식 때 이별의 아쉬움을 표현하거나 아이들과 따뜻하게 학년을 마무리하며 부를 수 있는 노래가 필요하다면 이 곡을 적극적으로 추천하고 싶다. 16마디의 멜로디가 4절까지 계속 반복되는 구조로 이루어져 있어 한 번만 들어도 따라 부를 수 있을 정도로 노래가 쉬운 편이고,

악보만 보면 리듬이나 가락이 단순해 보이지만, 유치하게 들리지 않도록 꽤 공을 기울였다.

무엇보다 노래 가사가 마치 시간 여행을 하듯 추억을 더듬어 보는 구조로 되어 있어, 감수성이 예민해지기 시작하는 고학년들과 한 해를 마무리하며 불러 보면 좋을 것이다.

 이렇게 불러 봐요

〈넌 기억하니〉는 3박자로 이루어진 노래로, 곡의 전체적인 분위기가 편안하면서도 친근한 멜로디로 구성되어 있다. 얼핏 악보만 보면 쉼표가 많지 않아, 아이들이 부르기가 꽤 까다롭다고 생각될 수 있으나, 2분 음표 다음에는 대부분 쉬어 준다는 생각으로 노래를 부르면 크게 어려움이 없을 것이다.

이 노래의 3절까지는 지난 추억을 회상하며 마치 옆의 친구에게 말을 하듯 담담하게 부르는 것이 좋고 4절부터는 전조가 이루어지며 다소 음이 높아지니, 2분 음표나 쉼표가 있는 부분에서 호흡을 충분히 한 다음, 좀 더 풍부한 감정이 실리도록 힘을 주어 부르는 것이 좋다.

셋째 단과 넷째 단에 나오는 교사의 마음과 바람을 담은 독창 부분은 곡의 분위기가 최고조로 달하는 부분인 만큼, 아이들이 허밍으로 본 멜로디를 잔잔하게 흥얼거리면 교사와 아이들이 만들어 내는 멋진 2부 합창의 효과를 낼 수 있을 것이다.

그리고 맨 마지막, 1절을 다시 부르는 부분에선 마치 '페이드아웃' 효과를 주듯 점점 여리게 노래를 부르면, 추억이 아련하게 사라지는 느낌을 주며 듣는 이에게 깊은 여운을 선사할 수 있을 것이다.

넌 기억하니

이호재 글, 곡

넌 기 억 하 니 우 리 처 음 만 난 날 어 색 한 그 떨 림 을
넌 기 억 하 니 말 다 툼 후 미 안 해 흘 리 던 그 눈 물 을
넌 기 억 하 니 푸 른 교 정 거 닐 며 나 누 던 그 얘 기 를
꼭 기 억 해 줘 눈 빛 하 나 만 으 로 알 았 던 그 마 음 을

넌 기 억 하 니 바 라 만 봐 도 까 르 르 웃 던 그 미 소 를
넌 기 억 하 니 목 소 리 높 여 함 께 부 르 던 그 노 래 를
넌 기 억 하 니 운 동 장 에 서 뜨 겁 게 외 친 그 함 성 을
꼭 기 억 해 줘 세 월 지 나 도 우 리 우 정 이 변 치 않 게

나 도 기 억 을 한 다 고 영 원 히 잊 지 를 못 한 다 고 말 하 고 싶 구 나

우 리 함 께 한 추 억 은 가 슴 에 남 기 고 새 로 운 길 또 걸 어 가 야 지

새롭게 펼쳐질 내일을 향한 당당한 외침

너와 내가 만나서

·
·
·

'졸업은 끝이 아니라 또 다른 시작.'

'안녕은 헤어짐이 아니라, 다시 만나기 위한 약속!'

졸업과 관련된 노래를 들을 때마다 이와 비슷한 의미를 지닌 가사를 많이 접하게 된다. 이런 생각은 졸업을 앞두고 학급문집에 실린 아이들의 글에서도 어렵지 않게 찾아볼 수 있다.

> 빠르게 가는 자동차처럼 세월도 빠르게 가 버려 친구들도 바람처럼 떠나간다. 하지만 너희들은 나무에 박힌 못처럼 내 머릿속에 박혀 있을 거야. 변덕쟁이처럼 싸우고 울고 웃으며 수많은 감정이 오갔는데, 아무리 세월이 가도, 너희들이 떠나가도, 우리는 지구처럼 돌고 돌아 다시 만날 거야!
>
> – 2016년 명진초 6학년 학급 문집에서

정든 친구들과 헤어져 아쉽기는 하지만, 다시 만나기 힘들 거라는 애석함이나 절박함은 보이지 않는다. 서로에 대한 애틋한 마음이 과거에 비해 더욱 엷어져 그런 것이라기보다 스마트 폰이나 SNS를 통한 아이들의 자유로운 소통 방식이 적지 않은 영향을 미쳤을 것이다. 이미 마음만 먹으면 언제라도 연락을 취하고 만날 수 있는 시대가 된 것이다.

2월이 되면 앞서 소개한 〈일 년이 지나고 겨울이 오면〉이나 〈넌 기억하니〉와 같이 슬픔이나 이별의 감정이 강하게 배어 있는 노래를 아이들과 자주 나누곤 했었다. 하지만 요즘 들어 슬픔의 감정에 기댄 노래만 부를 게 아니라, 보다 활기찬 분위기로 아이들이 마주할 새로운 미래를 응원하고 축복하는 노래를 불러도 괜찮겠다는 생각이 들었다. 중학교를 가거나 다른 학년이 되면 전혀 다른 분위기 속에서 새로운 관계 형성을 위해 고군분투하게 될 아이들에게, 지금껏 잘해 왔고 앞으로도 잘할 수 있을 거라는 공감의 노래가 때로는 더 큰 힘을 줄 수 있으니 말이다.

〈너와 내가 만나서〉는 각기 다른 개성을 지닌 아이들이 만나 부대끼며 성장해 온 과정과 아이들이 마주하게 될 새로운 미래를 응원하는 노래로, 2015년에 있었던 '제13회 노래로 그리는 교실' 공연에서 처음 발표된 노래이다.

공연의 흐름상, 다른 지역과 환경에서 생활하던 두 학급이 만나 편견과 오해를 극복하고 함께 합창 대회를 준비하는 모습을 형상화한 노래가 필요했는데, 기존의 노래를 아무리 찾아봐도 적당한 노래가 보이지 않아 새롭게 만든 노래이다. 처음엔 변성기를 겪고 있는 고학년들이 이 노래를 부를 때 음역 때문에 힘들지 않도록 최고 음이 '시'를 넘지 않게 노래를 만들었는데, 아이들과 여러 번 부르다 보니 힘차게 치고 나가는 앞부분에 비해 후렴구가 다소 밋밋한 느낌이 있어서, 이번 기회를 통해 새롭게 편곡하게 되었다.

교실에서의 만남은 본인이 원해서 만들어지고 연결된 것이 아니다. 적어도 지금의 학교 제도 속에서는 그러하고, 앞으로도 크게 변하지 않을 것이다. 하지만, 그러한 만남을 보다 풍요롭게 만드는 것도, 가슴 벅찬 아쉬움과 새로운 기대로 마무리하는 일도 결국 그 구성원들의 몫이고, 학급 공동체가 머리를 맞대고 풀어 나가야 할 일 년짜리 숙제이다. 노래가 이러한 고민을 완벽하게 해결해 줄 수는 없겠지만, 적어도 서로의 관계를 보다 유연하고 말랑말랑하게 만드는 역할은 할 수 있다고 생각한다. 내가 '노래'라는 예술 활동을 많은 분들에게 권하는 이유다.

 ## 이렇게 불러 봐요

〈너와 내가 만나서〉는 8비트 칼립소 리듬으로 만들어진 노래로, 대부분이 4분 음표와 8분 음표로 구성되어 있어, 부르는 이로 하여금 안정된 느낌을 주는 곡이다. 악보 없이 자주 반복되는 리듬과 선율을 듣고 부르기로 익힌 다음, 가사의 배열로 인해 리듬이 다소 달라진 부분만 환기시켜 준다면 노래를 익히는 데 큰 어려움이 없을 것이다. 노래를 부를 때 재미를 더하는 방법 중 하나가 그 노래를 구성하는 음악적 요소에 적절히 변화를 주는 방법인데, 〈너와 내가 만나서〉는 곡의 빠르기를 달리해서 부르면, 아이들이 무척 재미있게 부르는 노래 중 하나이다. 언제 빨라지고 언제 느려질지 모르는 단순한 스릴도 아이들은 은근히 즐긴다. 혹여 기타나 피아노와 같은 악기를 다룰 줄 모른다 하더라도, 교사의 자신감 넘치는 선창과, 리듬 막대만 있으면 이러한 분위기는 충분히 연출해 낼 수 있다.
그리고 후반부에 나오는 '너와 내가', '서로 만나' 다음에 아이들이 좋아할 만한 '헤이'나 '짱'과 같은 적절한 추임새를 넣어 부르는 것도 노래의 또 다른 재미를 더하는 좋은 방법이다.

너와 내가 만나서

이호재 글, 곡

처음에는 몰랐지 — 다르다고 만 느꼈 지 —

바라보는 눈빛도 노래하던 목소리도 —

너와 내가 만나 서 — 비로소 알게 되었 지 —

작은 떨림 하나도 함께 나눈 이 기쁨을 —

편견과 오해 속에 — 서 두꺼운 껍질에 나 를 숨긴 — 채

눈 앞의 세 상이 다 라고 느 꼈었 지 — 워 — —

이제는 마음을 열 — 고 뜨거운 우리의우 정을 위 — 해

목소리를 높여 다함께노래하자 —

너와 내 가 서 로 만 나 더 넓은세 상 을 배 웠 듯 이

네 — 앞 에 펼 — 쳐 질 내일을향해맘껏 외 쳐 라

노래로 가꾸는 학교 문화예술교육 이야기

1. 월별 노래 배우기를 통한 음악 다모임 운영

훈화 중심의 전교 조회를 과감하게 탈피하여, 학생 참여 중심으로 다모임 문화를 만들어 보고자, 우리 학교에서는 월 1회 '음악이 흐르는 다모임'을 운영했다. 저학년과 고학년으로 나누어 저학년은 노래 위주, 고학년은 리코더 연주 활동으로 계획하여 운영하였다. 월별 노래나 연주곡을 선정하여 일상적으로 연습한 결과를 3개 학년이 모인 다모임에서 발표하는 형식이었다.

이런 행사를 운영한 결과, 소수 아이들의 상장 수여나 교사들의 훈화로 채워진 전교 조회가 예술 활동 중심으로 바뀌게 되었으며, 다 함께 목소리를 모아 노래를 부르며 월요일을 시작하는 즐거운 학교 풍토가 조성되었다.

구분	곡목	조회 일시	곡목	조회 일시
	1, 2, 3학년 공통		4, 5, 6학년 공통	
4~5월 노래	**노래 부르기** 〈학교 가는 길〉 〈우리가 부르는 노래〉	4월 첫 주 월요일	**노래 부르기** 〈뭔가 좋은 일이〉 〈얼굴 찌푸리지 말아요〉 〈우리가 부르는 노래〉	5월 첫 주 월요일
6~7월 노래	**노래 부르기** 〈그런 날이 온다면〉 〈비가 온다〉	6월 첫 주 월요일	**리코더 연주하기** 〈퍼프와 재키〉	7월 첫 주 월요일
9~10월 노래	**노래 부르기** 〈오늘도 또〉 〈우리말이 좋아요〉 **합창부 공연**	9월 첫 주 월요일	**리코더 연주하기** 〈숲속을 걸어요〉 **합창부 공연**	10월 첫 주 월요일
11~12월 노래	**노래 부르기** 〈우리들의 떠드는 소리는〉 〈넌 기억하니〉 **오케스트라 공연**	11월 첫 주 월요일	**리코더 연주하기** 〈가을 길〉 **오케스트라 공연**	12월 첫 주 월요일

2. 어린이날 기념 디지털 학급 앨범 제작

디지털 학급 앨범은 교실 속에서 아이들과 실천한 활동을 영상, 음악, 내레이션, 사진 등으로 엮어, 폭넓게 공유할 수 있는 매체이다. 학급 문집에 비해 보관성이나 의미가 많이 떨어지는 편이지만, 디지털 앨범이 텍스트보다는 멀티미디어 환경에 익숙한 지금의 아이들에게 더욱 친숙한 도구라는 걸 부인할 수 없다.

아이들과 의미 있게 어린이날을 기념해 보고 싶어 매년 아이들의 모습이 담긴 영상과 사진, 직접 부른 노래, 자신의 꿈을 담은 내레이션 등이 담긴 디지털 학급 앨범을 제작해 오고 있다. 또한 학교교육에 대한 학부모들의 참여 공간을 늘리기 위해 학부모 편지 영상도 매년 수록해 오고 있다.

2019학년도 학급 디지털 앨범 녹음 장면 및 수록 내용

3. 학년 및 노래 동아리 자체 음반 제작 및 활용

아이들의 표현 능력 및 문화적 감수성을 신장시키고, 노래 관련 예술 활동을 학교 구성원들과 폭넓게 공유하는 방법으로 음반 제작만 한 게 없다. 스마트 폰의 기능이 좋아지고 손쉽게 구할 수 있는 무료 녹음 프로그램도 많이 공개되어 있어, 음반이 거창해야 한다는 생각만 버리면 큰 비용을 들이지 않고 얼마든지 아이들 목소리와 연주 실황을 살갑게 담은 음반을 제작할 수 있다. 또한 꼭 CD가 아니더라도 녹음된 음원을 USB나 클라우드를 통해 공유하는 방법도 괜찮을 것이다.

구분		학년 음반	동아리 음반
제작 예산		사제동행 체험교실 예산	예술 동아리 지원 예산
배포 범위		1학년 아동 전원 (300장 제작)	전교생 (800장 제작)
녹음 참여 아동		명진초 1학년 아동 115명	명진초 합창부 29명
녹음 장소		본교 방송실 및 1~2반 교실, 연구자 자택 녹음실	
수록곡목		〈우리가 부르는 노래〉 외 9곡	명진초 교가 외 14곡 수록
제작 과정	9월	학년 및 동아리 음반 선정 및 반주 제작, 녹음곡 역할 배정	
	10월	학년 및 동아리 음반 수록곡 개인별 연습	
	11월	학년 및 동아리 음반 수록곡 녹음	
	12월	믹싱 및 마스터링, 편집	
	1월	음반 제작 업체 의뢰 및 CD 제작	
	2월	해당 학년 및 동아리, 전교생에게 배포	

2019학년도 학년 음반 녹음 장면 ▲
2018년도 발행한 동아리 음반 표지 ▶

4. 학교 내 등굣길 버스킹 공연

합창부나 오케스트라 단원이라 하더라도 학예회 무대나 교육청에서 주최하는 합창제가 아니면 다양한 공연 문화를 체험하는 기회가 많지 않다. 아이들에게 다양한 예술 공연의 기회를 제공하고자 아침 시간을 활용하여 등굣길 버스킹 공연을 개최했는데, 좀처럼 볼 수 없었던 새로운 광경에, 공연하는 아이와 관람하는 아이 모두 반응이 꽤나 뜨거웠다.

버스킹은 길거리에서 이루어지는 공연 형태를 일컫는 말로 일상적인 공연 문화의 대명사로 자리매김하고 있다. 즉흥 공연에 가까운 형태이므로 세련된 무대 연출이나 공연 수준에 대한 부담감은 떨쳐 버려도 된다. 학교 예술교육 활성화와 즐거운 학교 분위기 조성을 위해서는 행사 위주의 공연 대신 이런 일상적인 공연 활동이 더욱 많아져야 한다.

교내 예술 동아리의 일상적인 공연 장면

 QR코드 앱으로 왼쪽 그림을 찍은 후, 링크된 주소로 이동하시면, 학급 디지털 앨범 및 동아리 음반을 감상하실 수 있습니다.

놀 푸른 사계절 노래 이야기

매일

아이들과 나누는 생활 노래

자칫 지루한 잔소리로 들리기 십상인 생활교육에 감성적 친화력이 높은 노래를 활용하면 보다 부드러운 분위기 속에서 기본 생활습관교육을 실천할 수 있다. 특히, 회복적 생활교육의 중요성이 높아져 가고 있는 요즘, 일상적으로 만나는 생활 노래는 아이들의 자발적인 행동 변화에 좋은 밑거름이 될 것이다.

바르게 정리해요

이호재 글, 곡

이 노래는 자기가 쓴 물건을 바르게 정리해야 하는 이유에 대해 아이들과 이야기를 나누며 부를 수 있는 노래이다. 단순히 도덕적인 규범을 담은 노래로 아이들에게 인식되는 것을 막기 위해서, 아이들이 학교에서 흔히 접할 수 있는 생활 속 경험을 노래의 소재로 삼고 있다.

1절에서는 미술 시간에 크레파스를 사용하려는데 좋아하는 색깔을 잃어버려 당혹스러운 아이의 경험을, 2절에서는 한 아이가 쉬는 시간에 가방을 제대로 걸어 놓지 않아 다쳤던 경험을 담고 있다.

이렇듯 아이들에게 단순히 어떤 것을 지켜야 하는 당위성만 이야기하기보다는, 자신의 경험을 투영하여 스스로 깨닫게 하는 것이 더 큰 행동의 변화를 가져올 수 있다.

단정하게 옷을 입는 방법에 대한 노래

단정하게 입어요

이호재 글, 곡

좋아 하는 짝에게 예쁘게 보이고 싶을 때

옷 차 림 은 어 떻 게 해야 할 지 말 해 주 세 요

새 옷 보 단 깨 끗 한 옷 말 끔 하 게 차 려 입 고 지 퍼 는 채 우 는 거 야

신 발 은 구 기 지 말 고 끈 을 묶 어 신 는 거 야 당 당 히 걷 ─ 는 거 야

이 노래는 단정한 옷 입기가 필요한 까닭과 단정한 복장을 갖추는 방법에 대해 이야기하고 있는 노래이다.

첫째 단과 둘째 단은 단정한 옷 입기를 해야 하는 이유가 짝에게 잘 보이고 싶어서라고 제시되어 있다. 어른들이 보기엔 옷을 단정히 입어야 하는 적절한 이유가 아니라고 느낄 수 있으나, 놀랍게도 남의 시선 때문에 옷을 단정하게 입어야 한다고 말하는 아이들이 많아 노래 가사에 그대로 담았다.

그리고 셋째 단과 넷째 단에서는 옷과 신발을 단정하게 착용하는 방법에 대해 표현하고 있는데, 악보를 보면 다소 어렵게 느껴질 수 있으나, 반복적인 가락과 선율을 많이 사용했기 때문에 듣고 부르기로 익히면 노래를 배우는 데 큰 어려움이 없을 것이다.

이 닦기의 필요성을 담은

이를 닦자

이호재 글, 곡

며 칠 동 안 사 탕 먹 고 　 그 냥 잠 을 잤 더 니

충 치 벌 레 생 겼 다 고 　 치 　 과 에 　 가 자 하 신 다

위 잉 위 잉 위 잉 위 잉 기 계 소 리 　 아 야 아 야 아 야 아 야 너 무 아 파

치 카 치 카 치 카 치 카 이 를 닦 자 　 하 루 네 번 3 분 동 안 이 를 닦 자

아이들이 싫어하고 무서워하는 것 중의 하나를 꼽으라면 바로 치과에 가는 일일 것이다. 역설적이게도 그렇게 치과에 가기 싫어하면서도 가장 지키기 싫어하는 생활 습관 중 하나가 제시간에 맞춰 이를 닦는 일이다.

〈이를 닦자〉는 평소 이를 닦지 않아 아이에게 일어날 수 있는 어려움을 재미있게 담고 있는 노래이다. 아마도 이 노래를 부르는 순간만큼은 자신의 경험이 투영되어 이를 꼭 닦아야겠다고 다짐하는 아이가 많을 것이다.

특히, 셋째 단에는 치과에 가면 쉽게 들을 수 있는 '위잉위잉'이나 '아야아야'와 같은 의성어를 가사에 활용함으로써 노래의 생동감과 사실감을 더욱 높이고 있다. 이를 닦는 것을 귀찮아하는 아이들이 많은 학급에서는 아이들과 함께 불러 보시길 바란다.

올바른 화장실 사용법

깨끗하게 사용해요

이호재 글, 곡

C | **F** | **G** | **C**

사람들이 많을 때는 줄 서 기
용변 후엔 옷은 단정 히 입 기

똑똑 똑 노크 먼저 하 기
반드 시 물은 꼭 내 리 기

C | **F** | **G** | **C**

용변 볼 땐 발을 정확 히 놓 기
조용하게 화장실 문 을 닫 기

휴지 는 쓸 만큼 만 —
깨끗 하게 손 씻 기 —

C | **Dm** | **G** | **C**

알 고 보 면 너 무 나 도 쉬 운

깨끗 한 화장실 사 용 법

C | **Dm** | **G** | **C**

우 리 모 두 행 복 하 게 만 드 는

사 랑 의 약 속 —

〈깨끗하게 사용해요〉는 저학년들이 학교생활 속에서 꼭 익혀야 할 생활교육 중 하나인, 화장실을 이용하는 방법에 대해 안내하고 있는 노래이다.

첫째 단과 둘째 단에서는 2절에 거쳐 화장실에 들어가서 나오기까지의 과정을 (줄 서기 → 노크하기 → 변기 옆에 발 놓기 → 휴지 사용하기 → 옷 입기 → 물 내리기 → 문을 닫기 → 손 씻기) 단계별로 제시하고 있다. 1학년 초기 적응활동 때 굳이 교사가 말로 설명하지 않고 다 함께 노래를 부르며 화장실 이용 단계를 익힐 수 있으니 이 노래를 적극적으로 활용해 보시라 권하고 싶다.

또한, 셋째 단과 넷째 단에서는 자신의 사소한 실천 하나가 자신을 비롯한 많은 사람들을 행복하게 만들 수 있다는 생활교육의 목적과 필요성을 잘 표현하고 있다. 셋째 단에 나오는 '쉬운'이나 '용법'과 같이 점 4분 음표로 구성된 가사에서는 한 음씩 '콕' 찍으며 짧게 끊어 부르면 노래의 리듬감을 살리는 데 많은 도움이 된다.

올바른 급식 태도를 담은

맛있게 먹어요

이호재 글, 곡

내 가 기 다 리 던 급 식 시 간 이 구 나

좋 아 하 — 는 불 고 기 — 가 오 늘 나 오 는 구 나
배 가 고 — 파 마 음 은 점 점 급 해 지 — 는 구 나

그 — 래 도 — 그 — 래 도 — 야 채 많 이 먹 어 야 지 —
그 — 래 도 — 그 — 래 도 — 차 례 차 례 받 아 야 지 —

음 — 식 을 — 씹 을 때 는 — 쩝 쩝 소 리 내 지 말 아 야 지
준 비 하 신 — 분 — 들 께 — 감 사 하 단 말 도 해 — 야 지

거의 대부분의 시간을 학교에서 보내야 하는 아이들에게 급식 시간은 그 어떤 일보다 기다려지는 시간이다. 아침에 학교에 오면 식단표부터 챙겨 보는 아이가 많고, 4교시 쯤엔 '오늘 메뉴가 뭐예요?'라는 질문이 어김없이 흘러나오니 말이다.

〈맛있게 먹어요〉는 단순히 밥을 골고루 먹어야 한다는 기존의 많은 '식사 송'과 달리, 급식실을 이용할 때 지켜야 할 예절과 식사 방법을 담고 있다. 실제로 아이들과 밥을 먹으러 가기 전 이 노래를 한번 들려주거나 불러 보고 급식실로 이동하면, 조리원분들에게 먼저 인사를 건네는 아이도 평소보다 많고, 야채도 많이 받으려고 한다는 걸 눈으로 확인할 수 있다.

'뭐, 이렇게 한다고 얼마나 달라지겠어?'하고 미리 포기하는 것보다는 작은 것 하나라도 애쓰고 실천해 보는 것이 의외로 아이들의 긍정적인 행동 변화에 적지 않은 영향을 미친다.

재활용 분리수거 방법을 담은

깨끗하게 만들어요

이호재 글, 곡

도화지와 색종이는 종 이 류
과자봉지 사탕껍질 비 닐 류
페트병과 요구르트 플 라 스 틱
휴—지와 먼—지는 일 반 쓰레 기
북 — 극 곰 이 웃을수있게 힘을 모 아 요
우 — 리 들 손 으 로 깨끗하게만—들 어 봐 — 요

지구온난화 문제나 환경오염이 쾌적한 생활을 위협하는 심각한 사회문제로 떠오르면서, 환경교육의 중요성이 학교 현장에도 많이 요구되고 있다. 이러한 환경교육을 학교 안에서 실질적으로 실천할 수 있는 방법 중의 하나가 재활용 분리수거이다.

〈깨끗하게 만들어요〉는 우리가 생활 속에서 자주 쓰고 버리게 되는 재활용품을 종류별로 분류하는 방법 및 지구온난화로 인해 생길 수 있는 문제점을 쉽고 간결한 가사로 이야기하고 있다.

셋째 단에 나오는 북극곰과 관련된 가사가 다소 생뚱맞을 수도 있으나, 아이들이 '지구온난화' 하면 가장 많이 떠올리는 이미지가 점차 사라져 가는 얼음 위에서 몸부림치는 '북극곰'의 이미지라 의도적으로 넣은 가사이다. 재활용 분리수거와 관련된 수업이나 환경보호 관련 수업을 할 때 아이들과 불러 본다면, 환경의 중요성을 나누는 데 많은 도움을 줄 것이다.

올바른 수업 태도를 담은

바른 자세로 듣고 말해요

이호재 글, 곡

아이들의 학습 습관 중 가장 기본이 되지만, 잘 지켜지지 않는 것 중의 하나가 올바르게 말하고 듣는 태도이다.

자신의 일상을 별다른 형식이나 주제 없이 주저리주저리 말하는 것에는 매우 익숙하고 거리낌이 없는 편이지만, 주변 상황과 분위기를 고려하여 올바른 태도로 말하는 것에는 어려움을 느끼는 아이들이 많다. 상대적으로 더 많은 인내심이 요구되는 남의 말을 경청하는 태도는 더 말할 필요가 없다.

〈바른 자세로 듣고 말해요〉는 아이들이 수업 중 지켜야 할 말하기와 듣기 태도에 대해 표현한 곡이다. 1절에는 다양한 말하기 상황별로 필요한 말하기 태도를 제시하였고, 2절에서는 다른 사람이 발표할 때 해서는 안 되는 행동에 대해 이야기하고 있다. 이 노래의 뮤직비디오가 탑재되어 있는 유튜브 채널에는 '흥딩스쿨'에서 제작한 재미있는 손동작과 율동이 담긴 동영상도 함께 소개해 두었다.

연필 잡는 요령을 담은

바르게 잡아요

이호재 글, 곡

세 살 버릇이 여든까지 간다고, 처음 익숙해져 몸에 배어 버린 습관은 오랜 시간, 노력을 해도 쉽게 고쳐지기 힘들다.

아이들이 1학년 들어오면서부터 배우게 되는 연필 잡는 법 또한 처음부터 올바른 자세로 제대로 잡는 방법을 연습해 놓지 않으면, 이를 다시 되돌리기란 매우 힘들다.

〈바르게 잡아요〉는 처음 연필을 잡는 아이들이 올바른 습관을 형성할 수 있도록, 연필을 잡는 순서와 방법을 자세하게 가사에 담고 있다.

각 단의 첫 번째, 두 번째 마디에는 매기고 받는 형식처럼 두 박자 길이의 가락 뒤에 짧은 구호가 삽입되어 있어 노래를 부르는 아이들에게 또 다른 재미를 선사하리라 본다. 때로는 자세한 설명을 길게 하는 것보다 노래를 통해 반복적으로 필요한 기능을 익히도록 유도하는 것이 학습목표에 도달하는 데 보다 효과적일 수 있다.

미술 시간에 대한 기대와 관심을 높이는

오리고 붙여요

이호재 글, 곡

아이들의 성향이나 성별에 따라 다소 차이가 날 수 있으나, 미술 시간에 대한 아이들의 흥미는 다른 교과에 비해 대체로 높은 편이다. 〈오리고 붙여요〉는 미술 수업을 시작하기 전, 일종의 로고송과 같은 역할을 하는 노래가 있으면 좋겠다는 생각에서 만든 곡이다. 사실 이 노래로 미술 수업을 시작한다고 해서, 아이들의 수업 태도에 큰 영향을 미치지는 않겠지만, 노래를 통한 아이들과의 상호작용은 오늘 배울 활동에 기대감을 높이고, 심리적 안정감을 갖게 하는 데 효과적이다.

흥내 내는 말을 실감 나게 표현하려다 보니 〈오리고 붙여요〉에는 상대적으로 저음이 많은 편이다. 첫째 단을 배울 때 '싹둑싹둑'이나 '알록달록'과 같은 부분은 따로 떼어 음정을 맞게 부를 수 있도록 충분히 연습하는 것이 좋다. 또한 둘째 단의 각 마디는 모두 동일한 리듬 구조를 지니고 있으니, 랩을 하듯 박자만 지켜 불러 보게 하면 아이들의 흥미를 유발하는 데 많은 도움이 될 것이다.

교실 내 안전교육을 위한 노래

왜 그랬을까

이호재 글, 곡

쉬는 시간이면 좁은 교실에서 술래잡기 놀이했네 —

내 발에 걸려서 넘어진 친구가 많이 다쳐 엉엉 우네 —

왜 그랬을까 운동장에 나가 놀걸 —

왜 그랬을까 후회해도 소용없네 —

쉬는 시간을 알리는 종이 울리자마자 운동장에 나가 놀거나 또는 옆 반 친구들을 만나러 가기 위해 교실 안에서 뛰는 아이들을 어렵지 않게 볼 수 있다.

교실이 복도나 운동장보다 더 위험한 것은 20평 남짓한 좁은 공간에 많은 아이들이 함께 생활하고 있고, 책상이나 의자, 다양한 수납장과 갖가지 학습 도구들이 복잡하게 배치되어 있기 때문일 것이다.

〈왜 그랬을까〉는 교실에서 일어날 수 있는 사고의 예를 아이의 경험을 통해 그리고 있다. '왜 그랬을까, 운동장에 나가 놀걸'이라고 후회하는 화자의 감정에 자연스럽게 동화시킴으로써 궁극적으로는 교실에서 뛰지 말아야겠다는 다짐을 이끌어 내는 노래이다. 수업 시간이 끝나갈 때쯤, 아이들과 이 노래를 즐겁게 부르며 쉬는 시간을 맞이해 보시길 권해 드린다.

안전하게 이용해요

이호재 글, 곡

우리 학교 엔 신기 한　특별 실 이 아주 많 아 요
우리 학교 엔 재밌 는　특별 실 이 아주 많 아 요

안전 하게 이 용 하면 은 모 두 즐거워질수있죠 —
조심 해서 이 용 하면 은 모 두 행복해질수있죠 —

강 당에 서 는 무 대위 에서 뛰 어내 리면 안 돼 요
보 건실 에선 아 무약 이나 입 에넣 으면 안 돼 요

급 — 식실 에선 젓 가락 으로 장 난치면안돼 요 —
컴퓨 터실 에선 젖 은손 으로 전 원켜면안돼 요 —

학교에는 아이들이 대부분의 시간을 보내는 교실 외에, 수업을 원활하게 진행하기 위해서나 학생들의 활동을 지원하기 위해 특별한 시설을 갖추고 있는 특별실이 많다.
〈안전하게 이용해요〉는 강당이나 보건실 등 아이들이 자주 이용하는 특별실에서 꼭 지켜야 할 일들이 하나씩 제시되어 있다. 노래를 배우고 난 후, 가사에서 제시되지 않은 다른 규칙에 대해 이야기를 나누는 것도 좋을 것이다.
이 노래는 고학년보다는 저학년들을 위한 교육 자료로 만든 거라, 과학실이나 영어체험실과 같이 아이들이 이용하는 빈도수가 높은 특별실이 여러 개 빠져 있어 조금 아쉽기도 하다. 고학년의 경우는 아이들과 노래 가사 바꾸기 활동을 통해 학년의 상황에 맞게 노래를 개사하여 불러 보는 것도 좋은 방법일 것이다.

복도나 계단을 이용할 때 지켜야 할 일을 담은

오른쪽으로 사뿐사뿐

이호재 글, 곡

복 도 에 서　뛰 어 다 니 다　친 구 와 꽝　부 딪 혔 다 네
계 단 에 서　장 난 치 다 가　다 리 를 악　삐 — 었 다 네

멍 이 든 내　얼 굴 을 보 니　마 음 이　너 무　속 상 하 구 나
붕 대 감 은　다 리 를 보 니　마 음 이　너 무　속 상 하 구 나

천 — 천 — 히　걸 어 다 닐 걸　요 리 조 리 살 — 피 — 면　서
한 — 칸 — 씩　내 — 려 올 걸　밀 — 거 나 장 난 치 지 말　고

다 — 음 에 는 꼭　다 치 지 않 게 꼭　오 른 쪽 으 로 사 뿐 사　뿐

아이들이 학교에서 생활하다 다치는 유형 중 가장 빈번하게 사고가 일어나는 장소가
바로 복도와 계단이다.

길게 뻗어 있는 복도는 누가 보더라도 뛰고 싶다는 욕구를 불러일으키는 공간이라 그
런지, 친구와 부딪히는 사고가 가장 많이 일어나고, 계단은 몇 칸씩 뛰어가다 다리를
접질리거나 난간을 잡지 않고 가다 구르는 사고가 대부분이다.

〈오른쪽으로 사뿐사뿐〉의 가사는 복도와 계단에서 흔히 발생할 수 있는 안전사고의
위험을 마치 한 아이가 자신의 경험을 자연스럽게 이야기하는 방식으로 구성되어 있
다. 복도나 계단 통행과 관련된 동영상 자료를 보여 주며 이 노래를 함께 불러 본다면,
올바른 실내 생활을 위한 훌륭한 교육 자료가 될 것이다.

또한 이 노래를 부를 때 악센트가 있는 '꽝', '꼭'과 같은 부분을 좀 더 강조해서 부른다
면 자신의 의지를 다지거나 노래의 맛을 살리는 데 보다 효과적일 것이다.

운동장에선

이호재 글, 곡

거꾸로 가면 안 돼 요 미 끄 럼 틀
친구를 차면 안 돼 요 철 봉 에 선

친 구 손 — 을 밟지 마 요 정 — — 글 짐
일 어 서 — 서 걷지 마 요 구 름 사 다 리

이 용 하 는 사 람 있 을 땐 줄 서 서 차 례 기 다 려 요
종 이 치 면 옷 부 터 털 고 깨 끗 하 게 손 을 씻 어 요

움 직 이 는 놀 이 기 구 엔 가 까 이 가 지 않 아 요 —
운 동 장 이 나 를 불 러 도 교 실 향 해 걸 어 와 요 —

초등학교 운동장에 가면 어렵지 않게 볼 수 있는 것이 정글짐, 구름사다리, 철봉, 미끄럼틀과 같은 놀이 시설이다. 몇 년 전 관련 규정이 대폭 강화된 덕에 대부분 바닥에 푹신하게 모래를 깔고, 초등학생의 신체적 기준에 맞게 설치되어 있는 편이지만, 친구와 놀이 기구 위에서 심하게 장난을 치거나 자신의 힘을 과신한 나머지 너무 무리하게 이용하다가 크고 작은 사고가 빈번하게 일어나는 곳이 바로 '운동장'이라는 공간이다.

〈운동장에선〉은 처음 운동장의 놀이 기구를 접하는 저학년 아이들이 놀이 기구별로 꼭 지켜야 할 일들과 이용하는 방법을 자세하게 설명하고 있는 노래이다. 특히 쉬는 시간이 끝났을 때 해야 할 일들도 차례대로 제시되어 있어서, 쉬는 시간이면 어김없이 운동장으로 달려가는 아이들과 함께 불러 보면 좋을 것이다.

내 몸은 소중해요

이호재 글, 곡

내 몸 소중한 곳은 보여주면 안돼요
친구 치-마-도 들추어도 안돼요
예쁘다고 멋있다고 친구볼에 뽀뽀해도
그 건 안-돼-요 내 몸 소중하니깐

하루가 멀다 하고 뉴스나 신문을 통해 보도되는 아동 대상 성폭력 문제는 이미 심각한 사회문제가 된 지 오래이다. 실제로 교육과정 내에도 창의적 체험활동을 통해 '성폭력 예방교육'을 하도록 시수까지 반영되어 있지만, 아이들 발달 수준에 맞는 전문적인 프로그램이 많이 부족한 탓에 형식적으로 이루어지는 경우가 많다. 사정이 이렇다 보니, 저학년들과 생활하다 보면, 뽀뽀를 하거나 친구 앞에서 바지를 벗는다거나 성적인 언어로 놀리는 경우를 어렵지 않게 발견할 수 있다.

〈내 몸은 소중해요〉는 좀 더 범위를 좁혀 학교 내에서 친구 간 발생할 수 있는 성희롱 사례를 담고 있는 노래이다. 이 노래에서는 장난으로, 또는 좋아서 그런 행동을 했다는 것도 성희롱이 될 수 있다는 점을 분명히 밝히고, 내 몸이 소중하듯 친구들의 몸도 존중하는 마음을 가져야 한다고 말하고 있다. 성폭력 예방과 성평등교육의 중요성이 점점 높아져 가는 이때, 감성적인 노래를 통해 올바른 성에 대한 인식을 정립할 수 있도록 도와주는 것은 어떨까?

다양한 개성을 지닌 친구를 존중하는 마음을 담은
우리는 좋은 친구

이호재 글, 곡

주 먹 코　검 은얼 ─굴　딸 기 코　하 얀얼 ─굴
춤 추 기　노 래부 르 기　달 리 기　그 림그 리 기

생 긴 건　다 르지 ─만　우 리 는　멋 진친 구
재 주 도　다 르지 ─만　우 리 는　좋 은친 구

'학교'라는 사회는 다양한 성향과 얼굴을 지닌 아이들이 자신의 의지와 상관없이 '학급'이라는 공동체를 이루어 살아가는 공간이다. 요즘 다문화 가정이 더욱 많아진 탓에 다양성에 대한 존중과 배려하는 마음이 그 어느 때보다 절실하게 필요한 때이지만, 나와 다른 이를 혐오하고 배척하는 사회적 풍토가 만연되어 가고 있어 아이들의 건강한 성장을 위협하고 있다.

〈우리는 좋은 친구〉는 비록 생긴 것과 좋아하는 것, 잘하는 것이 제각기 다르지만, 그것을 이유로 친구를 무시하거나 놀리면 안 된다는 메시지를 간결하고 쉬운 가사로 말하고 있다. 각 단의 두 마디가 마치 대구를 이루듯 비슷한 가락과 리듬으로 구성되어 있어, 비교적 짧은 시간에 노래를 익힐 수 있을 것이다.

이 노래를 통해 친구의 소중함과 다른 이를 배려하는 마음에 대해 아이들과 이야기를 나눠 보면 좋을 듯하다. 더불어, 다름은 잘못이 아니라 존중받아야 하는 권리라는 것을 생활 속에서 실천할 수 있는 소중한 기회가 되었으면 한다.

학교의 다양한 장소에 대해 탐색하는
어디일까요

이호재 글, 곡

친구들과 놀다 다쳤 을 땐 <보건실> 점심시간 밥을 먹을 때 는 <급식실>
실내에서 운동하는 곳 은 <강당> 학교소식 알려주는 곳 은 <방송실>

책을 읽거나 — 빌릴 때 는 <도서관> 교감선생님이 계시 는 곳 <교무실>
교장선생님을 만나 려 면 <교장실> 쉬는시간 놀이기구 탈 땐 <놀이터>

아이들이 학교에 입학하며 전학을 가지 않는 한, 보통 같은 공간에서 6년 동안 생활하게 된다. 그래서 아이들의 '학교'라는 공간에 대한 애정과 친밀감은 매우 높은 편이다. 특히 1학년들은 쉬는 시간마다 학교의 신기한 장소를 탐색하느라 수업에 늦게 들어오는 경우가 다반사이다.

〈어디일까요〉는 저학년 아이들의 학교 공간에 대한 궁금증을 반영하여 만든 노래이다. 보건실, 급식실, 도서관, 교무실 등 아이들이 자주 이용하는 장소를 가사에 담았고, 묻고 답하는 형식으로 되어 있어 아이들의 호기심을 자극하는 데 효과적인 노래이다. 두 마디씩 모두 동일한 리듬으로 되어 있고, 첫째 단과 둘째 단의 첫째 마디와 둘째 마디는 가락도 똑같아서 아이들이 한 번만 들어도 쉽게 노래를 따라 하는 편이다. 장소의 이름을 말하는 부분은 구호처럼 외치면 되는데, 따로 리듬을 표시해 놓지 않아서, 아이들과 적절한 리듬을 만들어 불러 보는 것도 즐거운 노래 활동을 만드는 좋은 방법이다.

학교에선 어떤 일이

이호재 글, 곡

우 리 학 교 에 — 선   어 떤 일 이 있 나 요

여 러 사 람 앞 에 서 서 공 연 하 는   학 예 회 가 있 지 요 —
보 고 싶 은 책 을 골 라 읽 어 주 는   도 서 관 수 업 있 죠 —
산 과 들 로 찾 아 가 서 공 부 하 는   체 험 학 습 이 있 죠 —
운 동 장 에 모 두 모 여 놀 이 하 는   운 동 회 가 있 지 요 —

3월은 입학식, 5월은 운동회, 11월은 학예회, 2월은 졸업식 등 학교에서는 참 많은 행사가 펼쳐진다. 행사를 기획하고 운영해야 하는 교사에게는 이런 행사들이 과중한 업무를 안겨다 주지만, 반복되는 수업에 지친 아이들에게는 새로운 활력을 불어넣어 주기도 한다.

〈학교에선 어떤 일이〉는 3월에 아이들의 얼굴이 익숙해졌을 즈음, 학교생활에 대한 기대감을 높이기 위한 활동으로 부르기 좋은 노래이다. 요즘은 학교마다 개최되는 행사의 종류나 형태가 다르고, 학년별로 중요하게 생각하는 행사도 차이가 나기 때문에 노래의 맨 마지막은 가사 없이 반주로만 구성해 놓았으니, 적절하게 가사를 바꾸어 불러도 좋을 것이다.

또한 첫째 단 넷째 마디의 '있나요'는 당김음에 해당하므로 '나'라는 가사에 보다 힘을 주어 부르는 것이 좋고, 노래 가사가 문답 형식으로 이루어져 있으니 한 파트는 첫째 단을 부르고, 다른 파트가 둘째 단을 부르는 방식으로 노래를 불러 봐도 좋을 것이다.

학급에 대한 소속감과 친밀감을 높여 주는

우리 교실이 좋아요

이호재 글, 곡

우리교실우리교실 우리 교실 이　나는나는너무너무 좋 아 요

우 리 반 은 몇 층 에　몇 번째 에 있 을 까　다 같 이 세 어 보 자　하 나 둘 셋
내 자 리 는 앞 에 서　몇 번째 에 있 을 까　다 같 이 세 어 보 자　하 나 둘 셋

개 구 쟁 이 친 구 들　웃 음 꽃 피 어 나 는　우 리 반 이 너 무 좋 아 ―
다 정 하 신 선 생 님　사 랑 이 넘 쳐 나 는　우 리 반 이 너 무 좋 아 ―

아이들에게 있어 교실은 집과 같은 곳이다. 여러 친구들과 어울려 공부도 하고, 놀이도 하며, 경우에 따라서는 밥도 먹어야 하는 생활공간이다. 그래서 자기 교실에 대한 친밀도를 높이는 활동은 무엇보다 중요하다.

〈우리 교실이 좋아요〉는 일 년 동안 자신이 몸담고 생활할 교실에 대한 애정과 소속감을 표현한 노래이다. 1학년 입학 초기 적응 교재에 수록하기 위해 만든 노래이기는 하나, 모든 것이 낯설기만 한 저학년들이 교실에 대한 친근감을 높이기에 효과적인 노래이다.

이 노래의 후렴구와 같은 역할을 하는 첫째 단에서는 반복되는 가사를 자주 사용해 말의 재미가 느껴지도록 했고, 둘째 단과 셋째 단은 같은 높이로 하강하는 멜로디 구조를 활용하였으니, 노래를 배울 때 이를 미리 알려 주면 곡의 전체적인 구조를 파악하는 데 많은 도움이 될 것이다. 또한, '교실'이라는 가사를 '○반'이나 친구 이름으로 바꾸어 부르는 단순한 활동만으로도, 아이들의 노래 부르는 태도가 확연하게 달라지는 것을 확인할 수 있으니 꼭 시도해 보길 바란다.

인사하면서 함께 부르는

인사 놀이

이호재 글, 곡

하나 둘 — 셋 넷 여덟 걸음 걷 고   처음 만난 친 구와   악 수 나 누 자

내 이 름은 김 영 민   내 이 름은 이 시 은   또 만 나 면 반 갑 게   꼭 — 인 사 해

노래와 놀이가 같은 어원에서 왔다는 사실에서도 알 수 있듯이, 둘은 함께 붙여 놓았을 때 가장 궁합이 잘 맞는다. 우리 전래놀이에 노래를 부르며 진행되는 놀이가 많은 것도 아마 이런 이유 때문일 것이다.

〈인사 놀이〉는 처음 만나는 친구들이 돌아다니면서 서로의 이름을 말하며 인사를 나눌 수 있도록 의도적으로 만든 곡이다. 실제로 가사에서 설명된 동작을 따라 하는 시간에 맞게 노래의 리듬을 구성했고, 각자 이름을 말해야 하는 둘째 단은 멜로디 반주를 넣어 음원을 제작했다.

이 노래의 첫째 마디와 둘째 마디의 가락은 다소 음폭이 심한 편이니, 계명 창을 통해 충분히 음을 익히도록 해야 하고, 이 두 마디는 놀이 활동 때 아이들이 이동하는 부분이므로, 반드시 한 박에 한 걸음씩만 움직이도록 해야 놀이 진행이 원활하게 이루어질 수 있다.

노래와 놀이를 통해 새롭게 만나는 친구들과의 관계를 더욱 돈독하게 만들고 싶다면 이 노래를 활용해 보시길 권한다. 몸을 함께 부대끼며, 한목소리로 노래하며 익힌 친구의 이름은 아이들의 기억 속에 오래 남을 것이다.

'노래로 그리는 교실' 공연 이야기

노래 활동 TIP

"저번에 보니, 학급 아이들과 만든 노래가 꽤 되는 것 같은데, 작은 공연 한번 열어 보는 거 어때?"

17년 전, 대학 때부터 함께 노래 활동을 해 오던 선배 교사의 제안을 듣고 처음엔 손사래를 쳤다. 그도 그럴 것이 발령을 받은 지 2년밖에 되지 않은 풋내기 교사 시절이라 아이들과 아등바등 수업하기도 버거웠고, 평범한 학급 아이들의 공연을 누가 보러 올까 솔직히 두려움이 앞섰다.

"많은 사람은 아니더라도 진솔한 아이들 노래에 관심이 있는 선생님들과 그 반 학부모님은 보러 오시지 않을까?"

아이러니하게도 16회까지 이어 온 '노래로 그리는 교실' 공연은 한 선배 교사가 격려 차원에서 던진 말 한마디로 인해 시작되었다. 처음엔 민주공원의 작은 소극장에서 70여 명의 관객 앞에서 1개 학급 아이들이 공연했던 행사가, 16년의 시간이 흐르면서 600여 명의 관객 앞에서 15개 학급 300여 명의 아이들이 공연자로 참여하는 큰 행사로 성장하였다.

지금의 모습이 갖추어지기까지 그 과정이 순탄치만은 않았다. 제1회 공연을 성공적으로 개최한 이후, 공연 기획 때마다 아이디어 부족에 허덕이며 늘 같은 패턴의 공연 형식을 반복하였고, 공연 때마다 10여 곡을 준비하여 한 시간 가깝게 노래를 불러야 하는 우리 반 아이들의 고충도 이만저만이 아니었다. 한 명의 교사가 한 학급 아이들을 데리고 하는 공연 형태에서는 결국 이런 문제가 필연적으로 발생할 수밖에 없는 한계라 생각되어, 제6회 공연부터는 노래 활동을 같이 해 오던 동료 교사 3명에게 제안하여 그 반 아이들과 함께 공연을 꾸렸다. 그리고 2013년 제12회 공연부터는 부산 지역을 중심으로 초등노래교육 연구회를 조직하여 20여 명의 교사와 300여 명의 학급 아이들이 함께 기획하고 준비하는 지금의 공연 형태에 이르렀다.

'노래로 그리는 교실' 공연이 지금과 같이 성장할 수 있었던 원동력은 다른 학교 예술교육 공연과는 다른, 차별화된 요소들이 있었기 때문이다.

먼저, 학급 구성원이 공연의 창작자인 동시에 기획자라는 점이다. 앞에서 언급했듯이 노래가 많은 사람들에게 감동을 주기 위해서는 자신의 문제를 자신의 언어로 풀어내는 창작 활동이 뒷받침되어야 한다. 그래서 이 공연에서는 기성곡을 거의 사용하지 않고 공연에 참가하는 아이들의 삶이 그대로 녹아 있는 창작곡으로 공연 내용을 채우고 있고, 공연에서 활용되는 뮤지컬 및 멘트, 영상까지도 순수 창작물로 구성하고 있다.

두 번째로, 이 공연은 소수의 특기를 가진 아이들의 공연이 아닌, 학급 전체가 참여하고 만들어 가는 공연이라는 점이다. 잘 부르는 노래, 잘 다듬어진 무대 연출로 관객들에게 다가가기보다는 아이들의 진술한 고민과 일상 모습을 공연에 투영해 냄으로써 투박하고 어눌하지만 감동적인 삶의 메시지를 전달한다는 점이 이 공연의 가장 큰 장점이라 할 수 있다.

세 번째로, 이 공연은 다양한 교육 주체들이 함께 참여하는 공연이라는 점이다. 그동안 많은 교육 관련 공연을 관람하고 경험해 보았지만, '노래로 그리는 교실'과 같이 교사, 학부모, 아이들이 저마다의 색깔로 스스로의 모습을 표현하고, 서로에 대한 끊임없는 소통을 시도하는 공연은 거의 보지 못했다.

네 번째로, 공연을 통해 생산된 창작물들이 일 년 학급 운영을 위한 귀중한 교육 자료로 쓰이고 있다는 점이다. 앞서 소개한 대부분의 노래가 이 공연을 통해 만들어지고 관객들 앞에서 처음 소개된 노래들이다. 교사들의 열정이 녹아 있는 창작물들이 그해 공연에서만 불리고 사장되는 것이 아니라 음원 작업을 통해 다음 해의 월별 노래 학급운영 자료로 활용되고 있으며, 이러한 끊임없는 실천은 노래를 통한 학교 예술교육의 중요한 토대가 되었다.

서로 다른 음들이 모여 조화로운 노래가 만들어지듯, 다양한 개성을 지닌 아이들이 함께 어울려 공연을 만들어 가는 과정은 그 어떤 수업에서도 배울 수 없는 뜨거운 열정과 아름다운 추억을 제공한다. 비록 뛰어난 음악적 재능을 지닌 아이들의 무대가 아닌 평범한 아이들이 참여하는 공연이라 실수가 많고 어설프게 보일 수도 있지만, 떨리는 마음으로 노래하는 아이들의 진실한 목소리에 귀 기울이고 있으면 커다란 감동과 마주하게 된다. 아이들과 함께 만들어 가는 이 공연을 통해 교사로서의 많은 성장을 경험한 한 사람으로서, 다른 지역에서도 노래를 통해 배움을 실천하는 이런 애태움이 더욱 많아졌으면 하는 바람이다.

'제16회 노래로 그리는 교실' 공연 기획안

공연 일시	2019년 2월 14일 18시	공연 장소	부산학생예술문화회관 대극장
공연자	초등노래교육연구회 회원, 금창초, 대사초, 모덕초, 명진초, 오선초, 와석초, 화명초, 구포초 아이들 234여 명		
공연 주제	'행복한가요 그대'		
공연 관람 인원	교사, 학부모, 아동 800여 명		

순서	코너 제목	코너 의도	공연 내용	공연자	시간
1	여는 노래	오프닝송	# 공연에 들어가기 전, 귀엽고 깜찍한 모습으로 2학년 입장 ♣ 노래 1 : 〈아이들은〉 (오프닝송) ♣ 사회자 시작 멘트 : '톡투유' 배경음악이 시작되고 사회자가 공연자를 소개한다. ♣ 노래 2 : 〈교실아 무너져라〉 ♣ 내레이션 : 아이들 나와서 간단한 멘트 (9명) ♣ 노래 3 : 〈내가 듣고 싶은 말〉	와석초 2학년 금창초 2학년 명호초 2학년 구포초 2학년	10분
2	진행 1		다음 코너 소개	사회자	3분
3	세대간의 공감	어른과 아이, 다른 세대 간의 생각을 들어 보는 과정을 통해 서로를 이해하는 모습을 표현	♣ 노래 1 : 〈나도 할 말이 있어요〉 ♣ 사회자의 공연자에 대한 인터뷰 : 어른들에 대한 불만과 고충을 듣는 자리를 마련 (담임교사 진행) ♣ 사회자 안내 멘트 및 설문 조사 진행자 연결 ♣ 설문 조사 발표 방식으로 진행 (PPT) – 3–4가지 설문 조사 결과를 발표하면서 동시에 참가 아동 및 관객들과의 대화 방식으로 진행 (내가 어른이라면) 1. 어른들 (　　)에게 가장 듣기 싫은 말? 2. 어른들 (　　)에게 가장 듣고 싶은 말? 3. 내가 어른 (　　)라면 아이에게 어떻게 할까? 4. 어른들은 아이에게 어떻게 할까? ♣ 노래 2 : 〈한 번쯤 우리 얘기에도〉	오선초 3학년 구포초 3학년	10분
4	진행 2		다음 코너 소개	사회자	3분
5	초청 공연	속풀이 송	♣ 교사 밴드와 학생 밴드의 노래 대결 방식으로 진행 ♣ 학생 밴드 공연 : 〈혜성〉 ♣ 교사 밴드 공연 : 〈버터플라이〉	대사초 밴드부 교사 밴드팀	10분
6	진행 3		다음 코너 소개	사회자	3분
7	사소한 행복	시청자의 애틋한 사연을 편지, 영상, 노래로 표현	♣ 어머니의 편지글 낭송 (교사 1명) ♣ 노래 1 : 〈학교 가는 너를 보며〉 (교사 2명) ♣ 역할극 : 행복하고 재미있는 학교생활에 대한 내용 ♣ 노래 2 : 〈생각보다 잘하고 있어요〉 ♣ 영상 상영 : 아이들의 학교에 대한 바람을 담은 영상과 학교가 지향해야 하는 올바른 모습을 담은 영상을 편집하여 상영 ♣ 노래 3 : 〈우리들의 떠드는 소리는〉	화명초 4학년 모덕초 4학년	15분
8	진행 4		다음 코너 소개	사회자	3분
9	만나고 싶었어요	배우를 초청하여 작품을 소개하는 방식	♣ 연출자 인터뷰 (준비하면서 어려웠던 점, 좋았던 점) ♣ 뮤지컬 공연 : 〈행복을 찾아 떠나는 시간 여행〉	명진초 4학년 및 합창부	23분
10	닫는 무대	교사 공연 및 전체 출연진 닫는 무대	# 공연을 함께 준비한 전 학사와 아이들 인사를 하며 마지막 마무리 노래를 부른다. ♣ 리코더 연주 : 할아버지의 11개월 (학사초 리코더부) ♣ 노래로 그리는 교실 공연 이야기 (공연 전체 기획교사) ♣ 교사 아카펠라 〈뭔가 좋은 일이〉 : 전주는 리코더 연주 ♣ 닫는 노래 : 〈우리가 부르는 노래〉 (참가자 전원)	전체 출연진	10분
			시간		90분

노래로 그리는 교실 공연 전체 마무리 무대   공연 포스터

아이들 뮤지컬 공연   교사 아카펠라 공연

아이들 노래 공연   밴드 동아리 공연

 QR코드 앱으로 왼쪽 그림을 찍은 후, 링크된 주소로 이동하시면, '노래로 그리는 교실' 공연 실황을 감상하실 수 있습니다.

선생님에게 힘이 되는 노래 이야기

20평 남짓한 좁은 교실에서 20명 넘는 아이들과 좌충우돌 생활하다 보면 미처 예상하지 못한 감정들과 마주할 때가 많다. 때로는 해맑은 아이들의 모습에 큰 이유 없이 행복하기도 하고, 때로는 교사의 마음과 다르게 행동하고 말하는 아이들이 안타까울 때도 많다. 11년간, 아이들 속에서 '선생님'이라는 이름으로 살아가며 느꼈던 다양한 감정을 15곡의 노래에 고스란히 담았다. 아이들과의 소소한 일상과 우리 교육에 대한 작은 바람을 담은 이 노래들이 학교 현장에서 고군분투하고 계신 선생님들에게 작은 위로가 되었으면 좋겠다.

하루를 돌이켜 보면

이호재 글, 곡

2004년 어느 오후, 그날따라 말을 듣지 않는 아이들을 집으로 돌려보내고, 혼자 남은 교실 풍경이 딱 그랬다. 아무렇게나 널부러진 책들이 불어오는 바람에 하염없이 팔랑이고 있었고, 내 마음을 알아주지 않는 아이들을 원망하고 있을 즈음, 우리 반 개구쟁이 한 녀석이 문을 열더니 "선생님, 수고하셨어요!" 라고 인사하고 가는 게 아닌가? 방금 전, 반 전체가 혼이 났는데도 해맑게 웃으며 인사를 건네는 아이를 보는 순간, 오늘 내가 그 아이의 이름을 한 번도 불러 주지 못했다는 사실을 깨닫게 되었다. 그리고 아이들을 원망하던 마음은 이내 미안함과 부끄러움으로 바뀌었다.

〈하루를 돌이켜 보면〉은 아이들과 부대끼며 살아가는 교사의 성찰과 다짐을 담은 노래이다. 아이들과 힘겨운 하루를 보내고 난 후, 교실에 혼자 앉아 들어 보시길 권한다.

기다려 본 사람들은 안다

노영민 시, 이호재 곡

평소 존경해 오던 노영민 선생님의 출판 기념회 때 축하 공연을 해 달라는 부탁을 받고, 그분의 시에 곡을 붙여 만든 노래이다. 노래를 만들기 위해 시집 전체를 파일로 받아 읽어 보던 중 유독 〈생명 활동〉이라는 시가 머리를 떠나지 않았다. 아이들과 소소한 배움을 실천하는 선생이 놓치지 말아야 하는 마음이, 아직 꽃을 피우지 못한 아이들을 따뜻한 눈길로 기다려 주는 것인데도, 성급하게 화를 냈던 내 자신을 자꾸만 되돌아보게 만드는 시였다. 원래는 '생명 활동'이라는 원제목을 그대로 쓰려고 했으나 다소 관념적이고 사실적인 표현이 노래 제목으로 적합하지 않아 지금의 제목으로 바꾸게 되었다.

바쁜 학교생활에 지칠 때면 난 이 노래를 자주 듣곤 한다. 원래 선생으로 살아간다는 게 그런 것이고 아이들 또한 다 알고 있다고, 가만히 지친 어깨를 토닥여 주는 것 같아, 이 노래를 듣고 있으면 이상하게 마음이 편안해진다.

하루를 돌이켜 보면

아 이 들 떠 나 버 린　쓸 쓸 한 빈 교 실 에　여 기 저 기 흩 ─ 어 진　책 들 만 이 ─
오 늘 을 돌 아 보 면　뿌 듯 한 마 음 보 단　아 쉬 움 과 안 타 까 운　기 억 들 이 ─

바 쁘 고 힘 겨 웠 던　하 루 를 말 해 주 며　바 람 결 에 흔 들 리 는　데
내 가 슴 파 고 들 며　조 금 씩 여 울 지 네　하 ─ 루 를 돌 이 켜 보　면

무 심 코 내 뱉 었 던　나 의 말 속 에 ─　상 처 받 은 아 이 는　없 는 지

오 늘 도 이 름 한 번　불 러 주 지 못 한　아 이 들 은 혹 시　없 는 지

내 일 은 오 늘 보 단　나 으 리 란 믿 음 으 로　개 구 쟁 이 녀 석 들 을 떠 올 리 면 ─

가 슴 이 조 ─ 금 씩　따 뜻 해 짐 을 느 껴　하 루 를 돌 이 켜 보　면

기다려 본 사람들은 안다

노영민 시, 이호재 곡

봉숭아 코스 모스 씨 를 뿌 리고　　기도해 본 사람 들은 안 ─다 ─
호박 꽃 해바 라기 꽃 ─ 피 는걸　　기다 려 본 사람 들도 안 ─다 ─

눈이 부신 어 느 오후　　사람 들 보 는 앞에선　　싹이 트지 않 는다는 것을 ─
기다 리는 눈 앞 에선　　아무리 재 촉해봐 도　　꽃이 피진 않 는다는 것을 ─

예 전 엔 미 처 몰 랐어 ─ ─ ─ ─　　보 이 는 것 만 믿 었 지 ─ ─ ─ ─

진 정 한 사 랑은　　오랜 기다림 속에　　더 환한 꽃 을 피 운 다 는걸 ─

머 리 큰 아 이 들을 제 ─ 몸 처럼　　가르 쳐 본 사람 들은 안 ─다 ─

보 는 이 앞 에 서 는 어긋나게 행 동을 해도 사람 노릇 하 고 있다는 걸 ─

새싹이 돋으려면

조향미 시, 이호재 곡

하루하루 아이들이 자라는 모습과, 봄을 맞이하여 새싹이 돋는 모습은 참 많이 닮았다. 어떤 마음으로 어떻게 애정을 쏟느냐에 따라 건실하게 자랄 수도 있고, 마음에 상처를 가득 안은 채 자랄 수도 있다.

〈새싹이 돋으려면〉은 부산의 시인 교사인 조향미 선생님의 글에 곡을 붙여 만든 곡이고, 선생님의 출판 기념회 축하 공연 때 처음 불리었다. 이 노래는 새싹 하나가 돋으려고 해도 주변 자연물들의 따뜻한 숨결이 필요하듯 교육이라는 모습으로 아이들의 성장을 돕는 일도 그러해야 한다고 말하고 있다. 햇빛이 다정스레 손잡아 주듯, 따뜻한 마음으로 보듬어 주어야 하고, 봄 흙이 밀어 주듯 때로는 아이의 손을 잡고 끌어 주어야 하며, 바람이 간질여 주듯 끊임없는 자극과 동기를 부여해 주어야 한다.

이처럼, 〈새싹이 돋으려면〉은 우리가 결코 놓쳐서는 안 될 교육의 모습에 대해 본질적인 질문을 던지는 곡이다. 노래의 가락보다는 가사가 주는 울림에 집중하여 들어 보시길 권한다.

저 소리를 들어 봐

이호재 글, 곡

'제8회 노래로 그리는 교실' 공연을 준비할 당시 마지막 교사 공연 때 학교의 밝은 일상을 담은 노래가 필요했다. 공연이 바로 코앞이라 하루 만에 노래를 마무리해 노래를 부를 선생님들께 악보를 보내야 하는데, 가사를 어떻게 시작해야 할지 도저히 떠오르지 않는 것이었다.

아이들을 전담 수업에 보내고, 기타를 치며 이런저런 말을 붙여 보고 있을 즈음, 창문 밖 운동장에서 아이들이 재잘대며 뛰어노는 소리가 들리기 시작했다. 이제 막 겨울방학을 마치고 돌아온 아이들의 노는 소리가 그날따라 봄을 재촉하는 소리처럼 정겹게 들리는 것이었다. 그 순간, 학교를 활기차게 만드는 저런 소리에 대한 이야기를 노래에 담아 봐야겠다는 생각이 갑자기 들었고, 전체적인 방향이 잡히자, 신기할 만큼 노래의 가사와 가락이 순식간에 떠올랐다.

〈저 소리를 들어 봐〉는 평소에 흘려듣기 쉬운 아이들 소리를 통해 일상의 행복을 찾아가는 교사의 모습을 담고 있다. 2월 말이나 3월 즈음, 봄의 새 기운으로 가득할 새 학년의 희망찬 시작을 다짐하며 들어 보길 권한다.

새싹이 돋으려면

조향미 시, 이호재 곡

저 소리를 들어봐

이호재 글, 곡

저 소 리 를 들 어 봐 ―　교 실 에 가득 울 려 퍼 지 는 노　랫 소 리 ―

잠 자 던 나 의 영 혼 을 깨 우 고 ―　네 게 로 다 시 오 라 하 는 데 ―

저 소 리 를 들 어 봐 ―　운 동 장 뛰 어 노 는 아 이 들 함 성 소 리 ―

어 제 의 모 든 절 망 은 지 우 고 ―　또 다 시 시 작 하 라 하 는 데 ―

수 없 이 다 짐 했 던 나 의 꿈 들 이　조 금 씩 멀 어 져 가　도

희 망 을 노 래 하 는 너 희 가 있 어　내 게 는 소 중 한 행 복 ― 이 야 ― ―

이 젠 눈 을 감 고 들 어 봐 ―　내 마 음 이 열 리 는 소 리　힘 찬

봄 의 새 기 운 을 안 고 오 는 ―　저 소 리 를 들 어 봐 ―

너희를 만난 건

이호재 글, 곡

투박하게 생긴 외모에 어울리지 않게, 내가 그동안 가장 많이 맡았던 학년은 1학년이다. 처음 1학년을 맡았을 땐, 도무지 종잡을 수 없는 아이들의 행동을 이해하기 힘들었다. 같은 질문을 수십 번 반복하는 것은 그렇다 치더라도, 전체 분위기에 아랑곳하지 않고 자기 하고 싶은 대로 행동하기 일쑤고, 아무 일도 아닌데 갑자기 울어 버리거나 과하게 흥분하는 행동 등으로 나를 당황하게 만들 때가 많았다.

그래도, 1학년이기에 그 모든 행동이 용서가 되고 예쁘다. 때로는 아이들의 잘못된 행동을 고쳐 주고자 과하게 으름장을 놓기도 하고, 입에 단내가 나도록 잔소리를 해야 하지만 하루하루 달라지는 1학년 아이들을 바라보며 느끼는 보람은 그 어떤 학년을 맡았을 때보다 크다. 〈너희를 만난 건〉이라는 노래는 처음 1학년을 만났을 때의 나의 생각과 경험을 솔직하게 담은 노래이다. 동시에 1학년과의 만남을 통해서만 확인할 수 있는 교사의 성장을 재미있는 가사로 표현한 노래이다.

너희에게 가는 길

이호재 글, 곡

〈너희에게 가는 길〉은 22년 전 대학 때 만들었던 노래이다. 내가 몸담고 있던 노래 모임의 정기 공연 때 통일교육을 주제로 한 노래극을 공연했던 적이 있었는데, 그때 아이들의 갈등을 바라보며 교사가 느꼈을 당혹감과 안타까움을 표현한 노래이다. 대학 때는 별다른 생각 없이 전체적인 극의 흐름과 선생님의 마음을 고려하여 만든 곡인데, 학교생활에 지치거나 아이들의 관계로 힘들 때 자주 부르고 듣게 되는 노래가 되었다. 20년이 지나 버린 지금은 아이들과의 관계가 예전보다 훨씬 복잡하고 미묘하다. 서로에 대한 따뜻한 마음과 현상을 바라보는 진정성만 있다면 이해하지 못할 일이 없다고 믿었는데, 생각보다 아이들의 생각은 다양하고, 관계로 인한 실타래는 복잡하게 얽혀있을 때가 많다. 하지만 결국 교사의 삶은 이렇게 흔들리면서도 아이 속으로 뚜벅뚜벅 걸어가야 하는 길임을 이 노래를 들으며 새롭게 다짐하게 된다.

너희를 만난 건

이호재 글, 곡

너 희 를 만난 건 — 결 —코 쉽 지 않 았던 도 —전 — 수 십 번

말 해 도 같은 질 문하 는 너는어 느 별 에 서왔 을 —까—

너 희 를 만난 건 — 어쩌 면 실 수 일 지도 몰 —라— 도 무 지
너 희 를 만난 건 — 내게 는 너 무 소 중한 선 —물 — 예 전 엔

알 수 없 는 말 몸 짓 으로 나 를 당황 하 게만 들었 지 —
미 처 몰 랐 던 행 복들 이 나 —를 감 싸 —고 있으 니 —

그 렇지 만 — 이 —제 조 —금은 알 —것도 같 아 — 너 희 를

만 난 후 로 — 나 에 게 일 어 났 던 자 그 만 변 화 —를 —

오 늘은 또 — 무 —슨 일 —들 이 내 —게 생 길 까 — 새 롭 게

만 들 어 갈 — 추 억 들 이 나 —를 웃 음 짓 게 하 는 —데 —

너희에게 가는 길

이호재 글, 곡

너희에게 가는 이길이 —　왜이다지힘 이드는지 —
내사랑이 부족 한걸까 —　벽이너무높 은것일 까 —

노래잃은 새 처럼 —　돌아 앉아 있 는 —　너 희를 떠 올 릴때 면
어—두운 교 실에 —　우두 커니 앉 아 —

창 밖을 바 라 다보 　네

잘 못된 오 해속에 서　조 금 씩 멍들어 가 도

이제갈 수 없 구 나 —　멀어져 가 네　자 꾸 만　멀어져가 　네

너희에 게가 는 이길이 —　왜이다지힘 이 드는지 —

어 두운 교 실에—　우두커 니 앉 아 —　창 밖을 바 라다보 　네

그러길 바래

이호재 글, 곡

교사들이 꿈꾸는 교실은 어떤 모습일까? 즐거운 노래로 하루를 열고, 헤어질 때는 아쉬움이 가득한 교실, 절망과 미움보다는 희망과 존중이 넘치는 교실. 선생님이 처한 상황과 입장에 따라 그 표현은 조금씩 달라지겠지만, 아마도 아이들의 따뜻한 성장과 서로에 대한 애틋한 마음이 묻어나는 학급 공동체의 모습을 바랄 것이다.

〈그러길 바래〉는 '제7회 노래로 그리는 교실' 교사 공연을 위해 만든 노래로, 교사들이 꿈꾸는 교실의 모습을 희망찬 선율에 담아 그리고 있는 곡이다. 리듬이 복잡하고 음폭이 심해 다소 어렵게 느껴질 수도 있으나, 같은 리듬이 반복되는 구간이 많고 익숙하고 경쾌한 멜로디로 구성되어 있어 고학년들과 함께 불러 봐도 좋을 것이다.

* 이 노래의 제목과 가사에 자주 등장하는 '바래'는 '바라'의 잘못된 표현이지만, 자연스러운 발성과 정확한 의미 전달을 위해 사람들이 자주 사용하는 말로 사용했으니 이 점 양해 바란다.

세상 일이 마음대로

이호재 글, 곡

후덥지근한 날씨 때문인지, 유독 아이들이 소란스럽고, 내 말을 좀처럼 듣지 않는 날이면, 어김없이 아이들의 고자질과 다투는 소리가 많아진다. 꼭 그럴 때면 잘 되던 컴퓨터도 먹통이 되고, 오늘까지 보고해야 한다는 급한 공문도 온다. 마치, 머피의 법칙처럼 말이다.

하지만, 세상 일이 마음대로 되지 않을 때에도, 그 시선과 애태움이 아이들을 향해 있으면 아이들은 알아준다. 천천히 하라며 능청스럽게 웃으며 급한 일을 마칠 때까지 기다릴 줄도 알고(물론 목적은 다른 곳에 있겠지만), 심하게 다투던 아이들도 나의 속상함을 마주하고는 서로에 대한 미움을 거둘 때가 많다.

〈세상 일이 마음대로〉는 하루하루를 열정적으로 살아가고자 하는 선생님의 애태움이 흥겨운 선율과 재미있는 가사로 담겨 있는 곡이다. 교육에 정답이 어디 있으랴! 다소 어설프고 시간이 걸리더라도, 온전히 아이들의 마음을 향해 난 길을 한 발 두 발 걷다 보면, 결국엔 아이들이 그 마음을 먼저 알아줄 것이다.

그러길 바래

이호재 글, 곡

누구나 마음속—에 한— 가—지쯤 바—라는 세상이 있지 — 예 —

무심코 살아가—다 뒤를 돌아보면 떠오르는 그 꿈 하나는 —

즐거운 노래속—에 하루를 —열고 아쉬움에 헤어지기를 — 바래

절망과 미움따—윈 존재 하지않는 그런 교실 되기를 바래 —

모 진 비바람에 잠 시 흔들려 그냥 포기하고 싶을 때도

저 — 멀 —리 서 맑 은 눈으로 아이들이 나를 부—르네 — 워

그러길—바래 또—그러길 바래 결코 쉬운일이아 니라하지 — 만

나의 사랑 온전히 아이들과 나 눌수있길 — 내 맘속 깊이 바래요

세상 일이 마음대로

이호재 글, 곡

마음을 열면 (인디스쿨 주제곡)

이호재 글, 곡

〈마음을 열면〉은 초등학교 선생님이면 누구나 한 번쯤 접속해 봤을 사이트인 초등교사 커뮤니티 '인디스쿨'의 주제곡으로, 2008년에 만든 노래이다. 열정만 가득했던 신출내기 교사 시절, 인디스쿨에 올라오는 다양한 선생님들의 감동 어린 교육적 실천을 바라보며 아이들과의 행복한 교실을 꿈꾸었고, 내가 아이들과 정성을 다해 만든 노래들도 이곳을 통해 선생님들과 공유하기 시작했다.

이 노래를 만들어 달라고 인디스쿨 운영진으로부터 제안을 받은 것도 아마 그쯤이었던 걸로 기억되는데, 한동안 노래 창작은 시작조차 못하고 한 달이라는 시간을 그냥 흘려보냈다. 단순히 나의 일상과 경험을 담은 노래라면 모를까 한 단체의 주제곡을 만드는 작업을 그냥 얼렁뚱땅 만들어 세상에 내놓을 수는 없는 노릇이었다. 그래서 어떻게 가사를 써야 할지 인디스쿨 홈페이지를 시간 날 때마다 뒤지며, 적절한 가사를 떠올린다고 무척 고생했던 기억이 떠오른다.

우여곡절 끝에 이 노래가 완성되고 인디스쿨 홈페이지에 탑재했던 그 순간을, 난 아직도 잊지 못한다. 많은 분들이 인디스쿨 주제곡의 탄생을 함께 기뻐해 주셨고, 과분하게 고마움도 표현해 주셨다. 그리고 얼마 후에 있었던 인디스쿨 연수에서 참가한 선생님들이 행복하게 이 노래를 부르는 것을 직접 목격하면서 나의 사사로운 수고는 이미 과분한 보상을 받았으니 그걸로 족하다.

길

이호재 글, 곡

필요 이상으로 생각이 많아져 진지해지고, 쓸데없이 혼자 감상에 빠져 울컥해지는 때가 종종 있다. 이 노래를 만들었던 2005년의 어느 가을도 그랬다. 아이들과 정신없이 생활하다 혼자 교실에 남은 오후, 왠지 모를 공허함이 몰려와 다른 선생님들이 퇴근한 뒤에도 한참을 그렇게 앉아 있었다.

내가 꿈꿔 온 길, 교사의 길, 그 길에 함께하는 아이들. 그때 적막감이 감도는 교실에 혼자 남아, 쏟아지는 감정의 끈을 놓치지 않으려 애쓰며, 날이 어두워지는 줄도 모르고 만들었던 노래가 바로 〈길〉이라는 노래이다.

지금 들어 보니, 지나치게 감상적이고 노래 가사에 너무 힘이 많이 들어간 것 같아 아쉬움도 많이 들지만, 무엇이 정답인지도 정확히 모르면서 열정만 가득했던 풋내기 교사 시절을 추억할 수 있는 노래라 더욱 애정이 간다.

마음을 열면

이호재 글, 곡

처음 엔 혼자의 힘으로 모 — 든 걸 할수 있다고 나

를 둘러싼 — 세상 향해 당 당히 외칠때도 있었 죠

마음 은 그 대 로인 데 왜 — 작 아져만 가는 지 지

친 하 — 루의 일 들 을 칠판 가 득 그려보네 —

혼자 외로 워 울고싶을 땐 마음을 열 — 고 들어봐요

넉 넉한미 소 로 그 댈 안아 줄 정 겨운목 소 리들 —

아 이 들 을 향 한 ─   그 작 은 마 음 하 나 로 ─   우 리

마 주 잡 은   두 손 이 아 름 답 지 않 나 요 ─

행 복 한 나 눔 이 ─   넘 치 는 인 디 속 에 서 ─   우 리

가 꿈 꾸 는   교 실 을 영 원 히 펼 쳐 가 요 ─

길

이호재 글, 곡

푸르른 나뭇잎 새―로 보이는곳―은길 시냇물 따 라 굽―이도―는 길 저마다

사 람 들 지 나 간 추억을떠올리며 그렇 게 ― 깊어 가고있 네 내앞에

놓 여 진 수없이 많은길들―중에 내가선 택 한 길―이있―다 면 아 이 들

눈 망 울 별처럼 빛나는교실에서 그렇 게 ― 살아 가고싶 네 우 리 가

가 는 길 아름다 운길―― 그길이 멀―고 더―딜지―라 도 새 들 의

노 래 를 벗삼아 가며―― 설레는 맘 으로 쉼―없 이 가―는길 눈부신

햇 살 과 꽃들의 향기가가―득한 화려한 길 은 아―닐지―라 도 수줍은

아 이 들 두손을 기쁘게마주잡고 그렇 게 ― 다시 가는거 야

처음의 맘 그대로

이호재 글, 곡

〈처음의 맘 그대로〉는 내가 교사 생활을 시작한 지 5년 정도 지난 시점에 만든 노래이
다. 5년이라는 시간은 많은 선생님들이 첫 발령지를 떠나 새로운 학교로 옮기는 시기
이고, 학교에서의 교사 생활도 어느 정도 익숙해지는 만큼, 설레고 열정적인 모습보다
는 안정되고 여유로운 교사의 면모에 더 큰 매력을 느끼는 시기이다.

이 곡은 시간의 흐름이나 환경이 달라짐에 따라 자연스러운 변화는 어쩔 수 없겠지만,
아이들 앞에 처음 섰을 때 그 다짐과 바람은 변치 말자고 당부하고 있다. 과거의 내가,
보다 먼 과거의 나에게 띄우는 일종의 다짐 편지인 셈이다. 교사로 살아가는 것이 힘
들고 회의가 느껴질 때면 신규 시절 아이들과 함께 찍었던 사진을 꺼내 보며 이 노래
를 듣곤 한다. 그리고 나를 향해 되물어본다. 변해야 할 것은 변하지 않고, 놓치지 말아
야 할 것을 놓아 버린 것이 아닌지 말이다.

너희를 보며

이호재 글, 곡

15년 전, 부산 지역의 한 노래 모임에서 정기 공연을 해야 하는데, 학교생활에 제대로
적응하지 못하는 실업계 고등학교 아이들의 현실을 담은 노래 한 곡이 필요하다고 작
곡을 의뢰받은 적이 있었다. 사실, 고등학교의 일상을 직접 경험해 본 적이 없어 가사
를 쓰는 데 상당히 애를 먹었던 기억이 떠오른다.

물론, 초등에서도 흔한 경우는 아니지만, 6학년을 맡다 보면 그런 아이를 만날 때가 있
다. 항상 지각을 밥 먹듯이 하고, 밤새워 컴퓨터 게임을 했는지 꾸벅꾸벅 조는 것도 모
자라, 습관처럼 욕설이나 폭력을 사용하는 통에 아이들과도 다툼이 끊이지 않는 아이.
〈너희를 보며〉는 학교에서 소위 '문제아'라고 일컫는 아이들을 바라보는 교사의 심정
을 담은 노래이다. 1절과 2절에서는 그 아이들이 처한 상황과 일상을 담담하게 그리
며, 그걸 지켜보는 교사의 안타까움을 담고 있고, 3절에서는 그럼에도 그 아이들에 대
한 따뜻한 시선을 멈추지 말아야 한다고 당부하고 있다.

처음의 맘 그대로

이호재 글, 곡

3 월의 따스 했던 봄 날 에   분 필 을처음잡—던날 —

아 이 들 을 향한   그 떨 림 하나로   아 름 답게 시 작했—었지 —

호기 심가 — 득 한 얼 굴 로   수 줍 게 나를바라보던 —

초 롱 한 눈 망울   그 시 절 추 억은   왜자 꾸만 멀 게느껴지나 —

덧 없 이 반 복 되 는 일 상 속 에   내 꿈 도작아 져만 가 는 데

나 만을위한 한   변 명 속 에서   그 렇 게포 기 하지 않 았 는 지

처 음 의 맘   그 — 대 로   오 랫 동 안 간   직 한 다 면

의 미 없 이 흘 러 가 는 하 루 가   소 중 하게 느 껴 질 거야 —

너희를 보며

이호재 글, 곡

수 업 종 이 쳐 도 제 멋 대 로— 떠 —드 는 아 이 들 속 에
아 침 부 터 책 을 베 개 삼 아— 잠 을 자 는 너 희 를 보 며
점 점 삐 뚤 어 져 가 는 구 나— 그 누 구 잘 못 도 아 닌 걸

어 제 결 석 했 던 영 석 이 는— 여 —전 히 보 이 지 않 네 학 교
한 숨 푹 푹 절 로 나 오 다 가— 괜 —시 리 서 글 퍼 지 네 너 희
의 미 없 이 뱉 는 말 들 속 에— 하 루 는 또 저 물 어 가 고 지 겹

에 선 문 —제 아 집 —에 서 는 철 없 는 말 썽 꾸 러 기 너 희
들 과 만 들 어 갈 멋 진 추 억 은 정 말 로 이 게 아 닌 데 왜 이
도 록 너 희 들 을 따 라 다 니 던 굴 레 를 벗 어 던 지 렴 가 슴

의 이 름 은 어 디 있 는 지 엉 뚱 한 이 름 만 가 득 하 구 나
리 자 꾸 만 어 긋 나 는 지 하 늘 만 멍 하 니 쳐 다 보 는 데
속 묻 어 둔 작 은 꿈 들 을 소 중 히 키 워 갈 내 일 을 위 해

내 어릴 적 꿈은

도종환 시를 빌어, 이호재 곡

이 노래는 군 제대 후 2학년으로 복학했을 때, 교대가 수습교사제 도입 논란으로 뜨거웠던 1998년에 만들었던 노래이다. 당시 부산교대에서는 노래, 몸짓, 풍물, 시 이렇게 4개 동아리가 모여 교사에 대한 꿈과 수습교사제의 문제점을 담은 〈자그마한 내 꿈 하나〉라는 뮤지컬을 만들어 공연한 적이 있었다. 기획에서 공연까지 무려 넉 달의 시간이 걸렸고, 노래부터 연극, 몸짓, 시 낭송까지 거의 모든 작업이 순수 창작물로 이루어진 제법 큰 규모의 공연이었다.

〈내 어릴 적 꿈은〉이라는 곡은 이 뮤지컬의 마지막 부분에서 주인공이 아버지와의 갈등을 극복하고 올바른 교사로서 바로 서기 위한 다짐을 하는, 말하자면 주제를 형상화하는 가장 중요한 주제곡이었다. 그래서 감동적인 느낌을 보다 극대화하기 위해 그 당시 감명 깊게 읽었던 도종환 시인의 〈내 어릴 적 꿈은〉이라는 시의 일부를 가사로 사용했고, 모든 인원이 함께 불러야 하는 노래인 만큼 3부 합창으로 거창하게 편곡도 하였다. 들어 보면 알겠지만, 이 노래는 각각 다른 3개의 멜로디가 함께 어우러진 3부 합창으로 구성되어 있어, 연습할 때도 꽤나 애를 먹었던 걸로 기억한다.

이 노래의 가사처럼 아직도 나의 꿈은 힘겨운 아이들에게 지팡이와 옷자락 되어, 봄흙처럼 썩어 가는 그런 선생님이다.

내버려 둬

이호재 글, 곡

요즘 학교는 교사나 아이들이나 너무 바쁘다. 더 큰 문제는 이런 바쁜 일상이 해를 거듭할수록 더 심해진다는 것이다. 하루가 멀다 하고 쏟아지는 공문과 보고는 줄어들 기미를 보이지 않는데, 예전에 하지 않았던 업무는 새롭게 생겨나고 있으니 어쩜 당연한 결과인지도 모른다. 이젠 이런 일상들이 제법 익숙해질 때도 되었는데, 아이들과 노래를 나눌 여유도 사라지는 것 같아 안타까운 생각이 많이 든다.

〈내버려 둬〉는 자신을 둘러싼 바쁜 일상에서 벗어나 혼자만의 시간을 가지고픈 교사의 바람을 담은 노래이다. 항상 아이들과 맞물려 살아가야 하는 현실 때문에 이러한 생각도 상상으로만 그칠 때가 많지만, 이 노래를 통해 학교 안에서 고군분투하시는 선생님들의 마음을 위로하고 싶었다.

때로는 '너만 그런 게 아니야!'라고 가만히 어깨를 토닥여 주는 노래가 사람들에게 큰 위로와 공감을 주기도 한다.

내 어릴 적 꿈은

도종환 시를 빌어, 이호재 곡

비 내리 는— 어둔 밤이 오 면 ——— 내 어릴 적 꾸었던 — 꿈하— 나

슬픈 사 랑— 작은 빗물 되 어——— 나에게 전—해오 네 — 어 느

비 가 내 리 는— 쓸쓸한 운동 장지 나— 무심코 바라 다본교— 실 창 문 새 로

먼 지 자 욱한 낯 설 은 초록책 —상 위에 — 아련 히떠 오 는 어 린 시 절 기 억 여 린

눈 망 울 속에— 담겨진 나의 사랑 이— 이토록 아득 하 게 느— 껴질 때 에 도

지 울 수 없는 자 그만 내 꿈 하 나 를— 아 이 들—과 함께 할수 있 다 면 —

하 모 니 카 소 리 에 봉 숭 아 꽃 이 열 리 는 교 실 안 에 서

먹 머 루 빛 눈 가 진 아 이 들 에 게 살 아 가 는 얘 길 해 주 며

내 어 릴 적 꾸 었 던 꿈 하 나 있 다 면 — 길 을 잃 은 아 이 들 의 —

지 팡 이 되 고 — 벌 거 벗 은 아 이 들 의 옷 자 락 되 어 — 봄 흙 처 럼 썩 어 가 는

것 —

내버려 둬

이호재 글, 곡

일교 시 마치고 또 이 교 시
컴퓨 터게임좀 그 만 해 라
날마 다쌓여가는 공 문 에

이교 시마치고또 삼 교 시
친구 와장난치지 말 아 라
행사 는왜이리도 많 은 지

똑같 이반복되 는 시 간 에
나날 이늘어가는 잔 소 리
진도 를나가기도 바 쁜 데

의미 없이흘러 가 는 하 루
조금 씩지쳐가는 내 마 음
놀자 고졸라대 는 아 이 들

나에 게지금필요 한 건

혼—자만의시 간 이 죠

가 —꼼 —은 날 내 버 려 둬 —요

한 번쯤은뻔 한 일 —상에서벗 어 나 —

하 늘향해맘 껏 외 —쳐도보는 거 야 —

나에 게지금필요 한 건

혼—자만의시 간 이 죠

가 —꼼 —은 날 내 버 려 둬 —요

학교 가는 너를 보며

이호재 글, 곡

이 노래는 특이하게도 선생님의 일상을 담은 노래가 아니라, 학교에 등교하는 아이를 보며 미처 자식에게 표현하지 못한 부모님의 마음을 담아 만든 노래이다. 나 또한 중학교와 초등학교에 다니는 딸아이가 있어 그 심정이 어떤지 잘 안다. 친구와 잘 노는지도 걱정이고, 급식을 잘 먹는지도 걱정이고, 혹시나 아이가 상처 받는 일이 생기는 게 아닌지도 걱정이다. 〈학교 가는 너를 보며〉는 '제16회 노래로 그리는 교실' 공연 때 처음 발표된 곡으로 학교에 가는 아이의 뒷모습을 보며 부모님이 느끼는 걱정과 아이에 대한 미안함을 표현하고 있다. 3박자의 리듬이 전체적으로 편안한 느낌을 주고, 높은 음도 많지 않아 학부모님이 참여하는 행사나 학부모 총회 때 부모님들과 함께 부르거나 들어 봐도 좋을 것이다.

아무것도 안하기

조향미 시, 이호재 곡

〈아무것도 안 하기〉는 앞서 소개한 〈새싹이 돋으려면〉이라는 노래와 마찬가지로 조향미 선생님의 《봄꿈》 시집 출판 기념회에서 처음 소개된 노래이다. 선생님께서 고비 사막을 여행하며 느낀 진솔한 경험을 담은 시에 곡을 붙여 만든 노래인데, 오늘을 바쁘게 살아가는 선생님들에게 위로와 공감을 던져 주는 시라고 생각된다.

사실, 시의 제목은 〈아무것도 안 하기〉라고 붙였지만, 선생님이 자연의 위대함에 이마를 맞대고 정녕 하고 싶은 일들에 대해 말하고 있다. 바쁜 일상에 쫓겨 하지 못했던 시인의 소소한 바람이 정겨운 언어로 잘 담겨 있는 시라, 나의 설익은 멜로디와 만났을 때도 어색함이 느껴지거나 따뜻함이 옅어지지 않는다. 나 또한 학교에서 아무것도 안할 수 있는 시간이 딱 하루만 주어진다면 아이들과 정녕 하고 싶은 일이 많다. 아이들과 눈을 맞추고 매시간 이름 불러 주기, 우산 없이 비오는 운동장 걸으며 산책하기, 이름 없는 풀꽃들에게 이름 붙여 주기, 나란히 스탠드에 누워 하늘 보며 낮잠 자기 등등. 생각해 보면 마음만 먹으면 당장이라도 할 수 있는 일들이지만, 바쁘다는 핑계로 엄두가 나지 않거나 용기가 없어 미뤄 둔 일들이 많다. 지식을 가르치는 일만큼이나 아이들과 마음으로 나누는 일상의 여유가 더욱 존중받는 교실이 되었으면 좋겠다.

QR코드 앱으로 왼쪽 그림을 찍은 후, 링크된 주소로 이동하시면, 선생님에게 힘이 되는 노래 음원을 들어 보실 수 있습니다.

학교 가는 너를 보며

이호재 글, 곡

아무것도 안하기

조향미 시, 이호재 곡

선생님과 아이돌의
삶을 담는 교육 이야기